# 危险货物道路运输安全生产监督检查指导手册

交通运输部运输服务司　审　　定

长安大学　组织编写

人民交通出版社股份有限公司

北　京

## 内　容　提　要

本书由行业管理机构内部综合安全监管、行业管理机构对企业的安全生产监督检查要求与检查流程、安全生产监督检查指导表三部分构成，供各级交通运输管理部门对交通运输企业进行安全生产检查、上级交通运输主管部门对下级交通运输管理部门安全生产工作履职情况检查时参考。

**图书在版编目(CIP)数据**

危险货物道路运输安全生产监督检查指导手册/长安大学组织编写．—北京：人民交通出版社股份有限公司，2021.9

ISBN 978-7-114-17392-9

Ⅰ.①危…　Ⅱ.①长…　Ⅲ.①公路运输—危险货物运输—交通运输企业—安全生产—安全管理—中国—手册
Ⅳ.①U492.8-62

中国版本图书馆 CIP 数据核字(2021)第 110660 号

Weixian Huowu Daolu Yunshu Anquan Shengchan Jiandu Jiancha Zhidao Shouce

书　　名：**危险货物道路运输安全生产监督检查指导手册**
著 作 者：长安大学
责任编辑：姚　旭
责任校对：赵媛媛　魏佳宁
责任印制：刘高彤
出版发行：人民交通出版社股份有限公司
地　　址：(100011)北京市朝阳区安定门外外馆斜街 3 号
网　　址：http://www.ccpcl.com.cn
销售电话：(010)59757973
总 经 销：人民交通出版社股份有限公司发行部
经　　销：各地新华书店
印　　刷：中国电影出版社印刷厂
开　　本：880×1230　1/32
印　　张：7.125
字　　数：155 千
版　　次：2021 年 9 月　第 1 版
印　　次：2024 年 5 月　第 3 次印刷
书　　号：ISBN 978-7-114-17392-9
定　　价：30.00 元

# 前　言

为深入贯彻落实习近平总书记关于安全生产的重要指示精神，推进行业安全生产监督检查工作系统化、规范化、标准化。以提升行业安全生产治理能力为目标，以规范行业安全检查为落脚点，交通运输部运输服务司组织交通运输部公路科学研究院、交通运输部科学研究院、长安大学编写了道路运输安全生产监督检查指导手册（以下简称《指导手册》）。

《指导手册》为道路运输安全生产监督检查人员应知应会的工具书，重点解决行业管理“不会管、不想管、不敢管、不知道怎么管”的问题，既能用于各级道路运输管理部门对交通运输企业的安全生产检查，也能用于上级交通运输管理部门对下级交通运输管理部门安全生产工作履职情况的检查。

《指导手册》有利于统一检查标准和要求，通过细化各领域的检查内容和要求，避免检查单位或个人依据经验开展检查工作可能存在的盲区和漏洞；有利于规范检查程序，通过明确检查程序和检查方法等，指导检查人员有目标、有步骤、有内容地开展检查，切实落实检查的各项工作要求；有利于突出检查重点，通过行业各业务领域的检查要点，指导检查人员更有针对性地选择检查对象和内容，突出重点，提高效率；有利于推动行业安全监管责任落实，通过明确各项检查内容的检查依据、处罚依据等，指导检查人员依法依规开展检查，落实行业监管责任；有利于企业明确行业监管重点，推动企业落实安全生产责任，提升安全管理水平。

希望《指导手册》的出版，能够促进提升道路运输安全生产监督检查工作水平，指导和推动企业进一步规范安全生产管理，落实好安全生产主体责任。

**编写委员会**
**2021 年 8 月**

# 目 录

# 第一部分　行业管理机构内部综合安全监管

| 序号 | 监管职责 | 监管依据 | 检查内容 | 检查记录 |
| --- | --- | --- | --- | --- |
| 1 | 设置安全管理机构及配备安全监督管理人员 | 《交通运输部关于推进交通运输安全体系建设的意见》(交安监发〔2015〕20号)<br>19.加强安全管理力量配备。……交通运输管理部门应完善部、省、市、县四级安全管理机构,明确相应专职安全监督管理人员。有通航水域或农村公路通营运车辆的乡镇按规定配备专(兼)职安全监督管理人员。<br>…… | 通过资料审查和现场检查的方式,检查监管部门"三定方案"中对于安全管理机构设置及安全监督管理人员配备情况,是否设置安全管理机构,是否配备与监管任务相匹配的专职安全监督管理人员 | |
| 2 | 制定安全生产权力和责任清单 | 《中共中央　国务院关于推进安全生产领域改革发展的意见》<br>(八)严格责任追究制度。……依法依规制定各有关部门安全生产权力和责任清单,尽职照单免责、失职照单问责。…… | 通过资料审查的方式,检查监管部门是否制定安全生产权力和责任清单,清单是否向社会公开 | |

续上表

| 序号 | 监管职责 | 监 管 依 据 | 检 查 内 容 | 检查记录 |
|---|---|---|---|---|
| 3 | 建立健全安全生产管理制度 | 《交通运输部关于推进交通运输安全体系建设的意见》<br>2. 完善安全生产制度。……各级交通运输管理部门应建立健全重点监管名单、责任追究、“一岗双责”、隐患排查治理、奖惩激励、诚信管理、安全生产约谈、挂牌督办、监督检查、巡视等安全生产管理制度。……<br>《交通运输部关于进一步加强交通运输安全生产体系建设的意见》(交安监发〔2022〕4 号)<br>(九)加强法规制度建设。……加强地方性安全生产法规制度建设。健全安全生产法规政策动态评估完善机制,及时制修订事故调查中发现存在漏洞或缺陷的法规制度 | 通过资料审查的方式,检查监管部门是否制定重点监管名单、责任追究、“一岗双责”、隐患排查治理、奖惩激励、诚信管理、安全生产约谈、挂牌督办、监督检查、巡视等安全生产管理制度,各项制度是否得到严格执行,是否对制度实施情况开展动态评估并进行完善 | |

续上表

| 序号 | 监管职责 | 监管依据 | 检查内容 | 检查记录 |
| --- | --- | --- | --- | --- |
| 4 | 保障安全管理工作经费 | 《交通运输部关于推进交通运输安全体系建设的意见》<br>20. 保障安全生产费用和工作经费。……各级交通运输管理部门应将安全管理工作经费列入年度部门预算，主要用于安全生产考核评价、巡视和检查、事故原因调查、企业标准化建设、宣传教育培训等。实现每年安全生产经费预算到位，专款专用。…… | 通过资料审查的方式，检查监管部门是否将安全管理工作经费列入年度部门预算，专门用于安全生产工作；经费是否预算到位、专款专用；经费是否使用合理，用于安全生产考核评价、巡视和检查、事故原因调查、宣传教育培训等 | |

续上表

| 序号 | 监管职责 | 监管依据 | 检查内容 | 检查记录 |
|---|---|---|---|---|
| | | 《交通运输部关于进一步加强交通运输安全生产体系建设的意见》<br>（二十）保障安全生产资金投入。推动地方交通运输管理部门加大安全基础设施建管养、监管执法车船与装备、应急设施装备和安全科技与信息化投入力度，为公共交通运输装备及枢纽场站更新改造提供资金支持。各级交通运输管理部门将安全生产管理工作经费列入部门预算，专门用于交通运输安全生产工作，确保预算到位、专款专用 | | |

续上表

| 序号 | 监管职责 | 监管依据 | 检查内容 | 检查记录 |
| --- | --- | --- | --- | --- |
| 5 | 组织开展安全生产监督检查 | 《中华人民共和国安全生产法》(主席令第88号)<br>第六十二条　县级以上地方各级人民政府应当根据本行政区域内的安全生产状况,组织有关部门按照职责分工,对本行政区域内容易发生重大生产安全事故的生产经营单位进行严格检查。<br>应急管理部门应当按照分类分级监督管理的要求,制定安全生产年度监督检查计划,并按照年度监督检查计划进行监督检查,发现事故隐患,应当及时处理。 | 1.通过资料审查的方式,检查监管部门是否制定安全生产年度监督检查计划,检查计划是否包括时间安排、主要事项、检查频次、履职方式和任务分工等内容,检查对象是否包括本行政区域内容易发生重大生产安全事故的道路运输生产经营单位。<br>2.通过资料审查和抽查的方式,检查监管部门是否按照年度监督检查计划进行监督检查。<br>3.通过资料审查的方式,检查监管部门是否下发检查通报、隐患整改通知书等,督促生产经营单位及时治理事故隐患、落实安全生产主体责任 | |

续上表

| 序号 | 监管职责 | 监管依据 | 检查内容 | 检查记录 |
|---|---|---|---|---|
| | | 《交通运输部关于进一步加强交通运输安全生产体系建设的意见》<br>（六）严格履行安全生产监管责任。……制定安全生产检查办法，编制检查手册，落实年度监督检查计划，采取随机抽查、明查暗访等方式，强化对部门安全监管履职情况和企业主体责任落实情况检查。…… | | |

续上表

| 序号 | 监管职责 | 监管依据 | 检查内容 | 检查记录 |
|---|---|---|---|---|
| 6 | 推进风险隐患双重预防机制建设及落实 | 《公路水路行业安全生产风险管理暂行办法》（交安监发〔2017〕60号）①<br>第三十八条　属地负有安全生产监督管理职责的交通运输管理部门应将管辖范围内的生产经营单位安全生产风险管理工作纳入日常监督管理，将重大风险监督抽查纳入安全生产年度监督检查计划，明确抽查比例和方式，督促企业落实管控责任。<br>《公路水路行业安全生产隐患治理暂行办法》（交安监发〔2017〕60号）① | 1. 通过资料审查的方式，检查监管部门是否健全安全生产风险研判机制、决策风险评估机制、风险防控协同机制、风险防控责任机制，是否将重大风险监督抽查纳入安全生产年度监督检查计划，是否对监督抽查发现重大风险辨识、管控、登记等工作落实不到位的生产经营单位予以监督整改，是否针对管辖范围内的重大风险建立档案。 | |

① 该文件自2018年1月1日起生效，有效期3年。2021年1月14日，交通运输部安全与质量监督管理司在交通运输部智能问答系统答复提问时表示，“经我部认真研究，两个文件继续有效，目前正在按照程序办理文件延长有效期相关事宜。”

续上表

| 序号 | 监管职责 | 监管依据 | 检查内容 | 检查记录 |
| --- | --- | --- | --- | --- |
| | | 第四十条　属地负有安全生产监督管理职责的交通运输管理部门应建立健全重大隐患治理督办制度，并将重大隐患整改情况纳入年度安全生产监督检查计划内容，明确督促检查责任部门、检查范围。<br>《交通运输部关于进一步加强交通运输安全生产体系建设的意见》<br>（十三）强化安全生产风险管控。健全安全生产风险研判机制、决策风险评估机制、风险防控协同机制、风险防控责任机制。全面辨识安全生产系统性、区域性、多发性和偶发性重大风险，加强风险动态监测预警，落实管控责任和措施。…… | 2. 通过资料审查的方式，检查监管部门是否建立健全重大隐患治理督办制度，并将重大隐患整改情况纳入年度安全生产监督检查计划内容，是否对发现存在重大隐患的生产经营单位实行挂牌督办 | |

续上表

| 序号 | 监管职责 | 监 管 依 据 | 检 查 内 容 | 检查记录 |
|---|---|---|---|---|
| 7 | 推进安全生产信用体系建设 | 《交通运输部关于进一步加强交通运输安全生产体系建设的意见》<br>（六）严格履行安全生产监管责任。……强化企业安全生产信用管理，建立基于信用等级的分级分类监管机制，依法实施失信惩戒和守信激励 | 1. 通过资料审查的方式，检查监管部门是否将管辖范围内的生产经营单位和从业人员安全生产信用填报工作纳入安全生产年度监督检查计划。<br>2. 通过资料审查的方式，检查监管部门是否建立基于信用等级的分级分类监管机制，对安全生产信用等级低的生产经营单位和从业人员，依法依规采取增加监督执法频次、约谈、公开曝光、取消经营资质（格）或限制性经营、依法实施市场禁入或限入、从重处罚等措施予以惩戒 | |

续上表

| 序号 | 监管职责 | 监管依据 | 检查内容 | 检查记录 |
| --- | --- | --- | --- | --- |
| 8 | 对有关安全生产的法律、法规和安全生产知识的宣传 | 《中华人民共和国安全生产法》<br>第十三条　各级人民政府及其有关部门应当采取多种形式,加强对有关安全生产的法律、法规和安全生产知识的宣传,增强全社会的安全生产意识。<br>《交通运输部关于推进交通运输安全体系建设的意见》<br>17. 提高安全监督管理人员业务素质。……各级交通运输管理部门应完善安全生产教育培训机制,有计划、有步骤地对各类安全监督管理人员进行轮训,切实提高综合素质和业务能力。…… | 1. 通过资料审查的方式,检查监管部门是否组织学习贯彻习近平总书记关于安全生产重要论述,是否集中开展学习教育,是否开展经常性、系统性宣传。<br>2. 通过资料审查的方式,检查监管部门是否组织对重要的、新制修订的、涉及安全生产的法律、法规、政策、制度开展宣贯培训。<br>3. 通过资料审查的方式,检查监管部门是否组织开展安全生产月活动,宣传道路运输行业安全生产相关法律、法规、政策、制度,开展案例警示教育。 | |

续上表

| 序号 | 监管职责 | 监管依据 | 检查内容 | 检查记录 |
| --- | --- | --- | --- | --- |
| | | 《交通运输部关于进一步加强交通运输安全生产体系建设的意见》<br>(二十一)强化安全生产宣传教育。加强安全生产公益宣传、案例警示教育,强化相关法律法规、安全应急知识普及…… | 4. 通过资料审查的方式,检查监管部门是否对安全监督管理人员进行安全管理知识轮训。<br>5. 通过资料审查的方式,检查监管部门是否开展或者协助主管部门开展道路运输单位主要负责人、安全生产管理人员的安全生产知识和管理能力考核 | |

续上表

| 序号 | 监管职责 | 监管依据 | 检查内容 | 检查记录 |
| --- | --- | --- | --- | --- |
| 9 | 建立安全生产举报制度 | 《中华人民共和国安全生产法》<br>第七十三条　负有安全生产监督管理职责的部门应当建立举报制度，公开举报电话、信箱或者电子邮件地址等网络举报平台，受理有关安全生产的举报；受理的举报事项经调查核实后，应当形成书面材料；需要落实整改措施的，报经有关负责人签字并督促落实。对不属于本部门职责，需要由其他有关部门进行调查处理的，转交其他有关部门处理。<br>涉及人员死亡的举报事项，应当由县级以上人民政府组织核查处理 | 1. 通过资料审查的方式，检查监管部门是否建立举报制度，公开举报电话、信箱或者电子邮件地址等网络举报平台。<br>2. 通过资料审查和抽查的方式，检查监管部门是否按照程序规定对举报的事项进行核实和处理；对属于本部门职责、举报属实的，是否督促处理到位；对不属于本部门职责的，是否及时转交有关部门处理 | |

续上表

| 序号 | 监管职责 | 监管依据 | 检查内容 | 检查记录 |
| --- | --- | --- | --- | --- |
| 10 | 建立安全生产工作述职机制 | 《交通运输部关于推进交通运输安全体系建设的意见》<br>7. 落实安全生产“一岗双责”。……建立安全生产工作述职机制，各单位和各部门负责人应将安全生产工作履职情况作为年度述职的重要内容。…… | 通过资料审查的方式，检查监管部门负责人是否在年度述职中将安全生产工作履职情况作为一项内容 | |

续上表

| 序号 | 监管职责 | 监管依据 | 检查内容 | 检查记录 |
| --- | --- | --- | --- | --- |
| 11 | 落实安全生产监督管理层级责任 | 《交通运输部关于推进交通运输安全体系建设的意见》<br>6. 明晰安全生产监督管理责任。……交通运输主管部门和管理机构的安全生产监督管理层级责任链条完善，监督管理责任有效落实。……<br>《交通运输部关于进一步加强交通运输安全生产体系建设的意见》<br>（六）严格履行安全生产监管责任。……重点监管和公开曝光发生重特大安全生产事故（险情）、事故频发、重大风险管控和重大隐患整改不力、信用等级低的企业。…… | 1. 通过资料审查的方式，检查监管部门是否落实道路运输安全生产的法律、法规、规章、政策，以及国家、上级管理部门有关安全生产工作部署。<br>2. 通过资料审查的方式，检查监管部门是否成立安全生产委员会，安全生产委员会主任是否由主要领导担任，每季度是否至少召开一次安全生产委员会会议。<br>3. 通过资料审查的方式，检查监管部门是否对下级管理部门开展监督检查、业务指导、目标考核等。<br>4. 通过抽查企业安全生产主体责任的落实情况，检查监管部门是否有效落实监督管理责任 | |

续上表

| 序号 | 监管职责 | 监 管 依 据 | 检 查 内 容 | 检查记录 |
|---|---|---|---|---|
| 12 | 制定生产安全事故应急救援预案,组织应急救援预案演练 | 《生产安全事故应急条例》(国务院令第708号)<br>第五条　县级以上人民政府及其负有安全生产监督管理职责的部门和乡、镇人民政府以及街道办事处等地方人民政府派出机关,应当针对可能发生的生产安全事故的特点和危害,进行风险辨识和评估,制定相应的生产安全事故应急救援预案,并依法向社会公布。<br>第八条　县级以上地方人民政府以及县级以上人民政府负有安全生产监督管理职责的部门,乡、镇人民政府以及街道办事处等地方人民政府派出机关,应当至少每2年组织1次生产安全事故应急救援预案演练 | 1. 通过资料审查的方式,检查监管部门是否制定道路运输生产安全事故应急救援预案,预案是否具有针对性,考虑了可能发生的各类生产安全事故;预案编制过程中,是否进行了风险辨识和评估;预案是否定期评估和更新;预案是否依法向社会公布。<br>2. 通过资料审查的方式,检查监管部门是否定期组织应急救援预案演练,至少每2年组织1次生产安全事故应急救援预案演练。<br>3. 通过资料审查的方式,检查监管部门是否对应急预案演练进行了总结和评估,是否根据演练情况完善应急预案 | |

续上表

| 序号 | 监管职责 | 监管依据 | 检查内容 | 检查记录 |
| --- | --- | --- | --- | --- |
| 13 | 安全生产事故报告和统计分析 | 《中华人民共和国安全生产法》<br>第八十四条　负有安全生产监督管理职责的部门接到事故报告后，应当立即按照国家有关规定上报事故情况。负有安全生产监督管理职责的部门和有关地方人民政府对事故情况不得隐瞒不报、谎报或者迟报。<br>《交通运输部关于推进交通运输安全体系建设的意见》<br>9. 加强安全生产形势研判。……建立完善安全生产事故统计分析机制，编制分析报告。……<br>《交通运输部关于进一步加强交通运输安全生产体系建设的意见》<br>（十二）加强安全生产形势研判。加强行业安全发展政策及热点问题研究，强化形势研判，发布分析报告。…… | 1. 通过资料审查和抽查的方式，检查监管部门是否建立事故统计和报告制度，是否建立事故台账，发生事故是否及时报送事故快报，每月是否按期报送事故月报。<br>2. 通过资料审查的方式，检查监管部门是否定期开展事故统计分析，编制季度、半年度、年度及重点时段的事故统计分析报告 | |

续上表

| 序号 | 监管职责 | 监管依据 | 检查内容 | 检查记录 |
| --- | --- | --- | --- | --- |
| 14 | 典型事故和重大风险事件教训吸取 | 《交通运输部关于推进交通运输安全体系建设的意见》<br>8. 严格安全生产问责追责。……相关交通运输管理部门应对事故发生单位的整改措施落实情况加强监督检查。……<br>《交通运输部关于进一步加强交通运输安全生产体系建设的意见》<br>（十五）加强事故调查和整改落实。……建立事故暴露问题整改督办制度，组织开展事故整改落实情况“回头看”，强化教训汲取。 | 1. 通过资料审查和抽查企业的方式，检查监管部门是否对事故发生单位的整改措施落实情况进行监督检查、督办指导。<br>2. 通过资料审查的方式，检查监管部门是否积极落实事故整改措施，完善相关制度标准；是否组织开展事故回头看活动 | |

续上表

| 序号 | 监管职责 | 监管依据 | 检查内容 | 检查记录 |
|---|---|---|---|---|
| | | 《中共中央　国务院关于推进安全生产领域改革发展的意见》<br>（十九）完善事故调查处理机制。……建立事故暴露问题整改督办制度，事故结案后一年内，负责事故调查的地方政府和国务院有关部门要组织开展评估，及时向社会公开，对履职不力、整改措施不落实的，依法依规严肃追究有关单位和人员责任。…… | | |

# 第二部分　行业管理机构对企业的安全生产监督检查

# 第一章　检查总体要求

## 一、检查名录库

交通运输主管部门及交通运输综合执法机构（以下统称监管部门）应当按照职责分工和权限范围承担相应的道路运输安全生产监督管理工作。

市级监管部门应当按照职责分工，建立健全与抽查事项相对应的检查对象名录库和执法检查人员名录库（统称“两库”）并进行动态管理。可以根据需要吸收检测机构、科研院所、行业协会和专家学者等参与，建立技术专家名录库，为检查工作提供技术支持。

1. 检查对象名录库

监管部门应当通过运政系统等途径，采集并编制辖区内检查对象名录库，按照经营规模和类别进行分类标注，明确重点监管对象名录库，并实现动态更新管理。

2. 检查人员名录库

监管部门应当建立检查人员名录库，按照业务专长进行分类标注并实现动态更新管理。进入名录库的检查人员应持有执法门类为道路运政的交通运输行政执法证，并按规定参加在岗培训。

3. 技术专家名录库

监管部门聘请第三方专业机构或者技术专家为安全生产监督检查工作提供技术支持的，应建立技术专家名录库，按照专家业务专长进行分类标注，并根据履职情况进行动态更新。

进入技术专家名录库的人员原则上应满足下列条件：

(1)熟悉道路运输安全生产法律、法规、规章、标准和规范等；

(2)具有大专及以上学历；

(3)具有道路运输相关专业高级技术职称或者从事道路运输安全管理相关工作10年以上；

(4)能够深入现场开展相关业务，具有较强的发现、分析和解决事故隐患的能力；

(5)无违法、重大违纪行为和不良信用记录；

(6)符合其他地方管理的要求。

## 二、检查分类

检查主要分为综合检查和专项检查。综合检查内容参见第三部分。专项检查内容可以从第三部分所列检查项目中挑选具体项目确定，也可以根据实际工作需求确定。

### 1. 综合检查

综合检查是指监管部门依据法定职权，按照既定的检查计划对检查对象遵守安全生产法律、法规、规章，执行安全生产行政命令等情况进行全面了解、调查和监督的行为。

### 2. 专项检查

专项检查是指监管部门依据法定职权，在检查计划之外，针对发生一般及以上安全生产事故的，有被上级部门督查或者转办交办、投诉举报、媒体曝光、其他部门抄告重大事故隐患或安全生产违法违规行为的，或者针对重点节假日、重大活动，对检查对象遵守安全生产法律、法规、规章，执行安全生产行政命令等情况进行专项了解、调查和监督的行为。

## 三、检查计划

监管部门应认真贯彻落实“安全第一、预防为主、综合治理”的方针,根据《中华人民共和国安全生产法》等有关法律法规和规章要求,结合管辖区域内安全生产工作实际,制定年度安全生产监督检查计划,并根据工作需求适时调整完善。

### (一)基本要求

1.检查计划制定要求

监管部门应当贯彻落实道路运输相关的国家、行业和地方法律、法规、规章、标准和规范性文件,结合辖区内企业安全生产基本情况、季节性因素、年度工作重点、安全生产监管职责权限、行政执法队伍组成、技术装备和经费保障等实际情况,制定年度安全生产监督检查计划,并按照规定进行公示。

监管部门可以根据上级监督管理部门要求或者重特大事故教训开展检查计划之外的监督检查。

2.检查计划内容

年度安全生产监督检查计划应包括:检查人员、检查时间、检查对象、检查内容、检查要求等内容;专项检查按照“双随机(即随机抽取检查对象、随机选派执法检查人员)”抽查事项清单开展(含每个抽查事项的名称、抽查主体、抽查依据、抽查内容、抽查方式等内容)。

### (二)分类分级管理

1.基本要求

监管部门每年应当结合辖区内道路运输企业的经营规模、经营范围和主要经营类别,以及上一年度安全生产监督检查结果、事故发生情况以及其他相关部门抄告信息等,对辖区内道路运输企业进行分类分级管理。其中,对涉及重大事故隐患、发生一般及以上负有同等责任及以上安全生产亡人事故、违法违规及违章次数多联网联控等信息化系统违法违规报警次数多,以及信用等级为最低等级(或质量信誉考核等级为最低等级)的企业或者单位,应纳入重点监管企业名单,加大检查频次和要求。其他类型企业纳入常规监管企业名单。重点监管企业名单应当按照要求进行公示。

监管部门应当充分利用联网联控等信息化手段,加强对检查对象的动态监控,提高利用信息化手段开展企业分类分级监管效力。

2. 检查频次

(1)县级属地监管部门应当根据分类分级结果和其他安全生产监督管理安排确定综合检查次数,每年综合检查不少于1次。综合检查内容可分次完成。

(2)市州级监管部门对辖区内的重点监管企业,每年专项检查不少于1次。专项检查覆盖率和频次可结合实际工作需要确定。

(3)监管部门可会同其他承担安全生产监督管理职责的部门实行联合安全生产监督检查,联合安全生产监督检查可纳入被检查对象的检查频次统计。

(4)上级监管部门应当按照监管职责分工,定期对属地监管部门的安全生产监督检查活动进行督导,督导次数每年应不少于1次。其中,市级监管部门每年对区县级监管部门的督导应全覆盖,省级监管部门对市级监管部门的督导覆盖率不应小于50%。督导工作可以结合属地监管部门的安全生产监督检查结果开展,并视情对辖区内重点监管企业和常规监管企业分别安排不同频次和覆盖率的抽查,加大对重点监管企业的抽查比例。

## 四、检查工作要求

### （一）检查方式

检查采用实地核查、书面检查和数据网络监测等方式，综合运用抽查、暗查、综合检查、专项检查、联合检查、设施设备监控等途径开展。

根据安全生产监督检查的方式、内容等，分别采用资料审查、查看与查证、座谈与询问等方法开展，内容如下。

（1）资料审查：通过查阅安全生产相关制度、实施记录、档案等资料，核查企业安全生产管理体系的完备性、有效性和落实程度。

（2）查看与查证：按照抽样方法，随机抽取车辆、装备、设施等，通过实地或者网络监测等方式，核查企业在车辆、装备、设施和安全生产管理方面的合规性和有效性。

（3）座谈与询问：通过现场交流和询问等方式，考查企业主要负责人、安全生产管理人员、关键岗位从业人员等相关人员对安全生产相关法规以及知识要求、安全操作技能以及突发事件应急处置的掌握程度。

各级监管部门可以单独实施安全生产监督检查，也可会同其他负有安全生产监督管理职责的部门实行联合检查，或者聘请专家参与检查，专家宜从技术专家名录库中抽选，或者在其法定权限内通过政府购买服务等方式委托具有能力的第三方服务机构实施检查，为履行安全生产监督管理工作提供专业技术支持，但不改变监管部门的监督管理责任。

### （二）抽样方法

抽样方法按照“双随机（即随机抽取检查对象、随机选派执法检查人员）”抽查机制要求进行。对从业人员、装备设施、记录、档案等内容的具体抽样数量可以按照《计数抽样检验程序　第1部分：按接收质量限（AQL）检索的逐批检验抽样计划》（GB/T 2828.1—2012）的一次抽样方案一般检验水平Ⅰ进行简单随机抽样，总体数量与最低抽取样本数量见下表。

| 总体数量 | 样本数量 | 总体数量 | 样本数量 |
|---|---|---|---|
| 2 ~ 15 | 2 | 281 ~ 500 | 20 |
| 16 ~ 25 | 3 | 501 ~ 1200 | 32 |
| 26 ~ 90 | 5 | 1201 ~ 3200 | 50 |
| 91 ~ 150 | 8 | 3201 ~ 10000 | 80 |
| 151 ~ 280 | 13 | 10001 ~ 35000 | 125 |

凡涉及抽样检查的内容，安全生产监督检查人员对检查结果有疑问，或者认为检查事项风险较大时，可以扩大抽样比例，按照《计数抽样检验程序　第1部分：按接收质量限（AQL）检索的逐批检验抽样计划》（GB/T 2828.1—2012）的一次抽样方案一般检验水平Ⅱ进行简单随机抽样，总体数量与最低抽取样本数量见下表。

| 总体数量 | 样本数量 | 总体数量 | 样本数量 |
|---|---|---|---|
| 2 ~ 8 | 2 | 151 ~ 280 | 32 |
| 9 ~ 15 | 3 | 281 ~ 500 | 50 |
| 16 ~ 25 | 5 | 501 ~ 1200 | 80 |
| 26 ~ 50 | 8 | 1201 ~ 3200 | 125 |
| 51 ~ 90 | 13 | 3201 ~ 10000 | 200 |
| 91 ~ 150 | 20 | 10001 ~ 35000 | 315 |

### （三）检查纪律

（1）安全生产监督检查人员、技术专家和第三方服务机构与被检查对象有利害关系的，应当回避。监督检查过程应当忠于职守，坚持原则，秉公执法，认真履行安全生产监督检查职责，正确行使安全生产监督检查权限。

（2）安全生产监督检查人员应当保守被检查对象的技术秘密和商业秘密，遵守被检查对象的有关规章制度，不得影响被检查对象的正常生产经营活动。

### （四）检查记录

各级监管部门的检查工作记录内容应精细准确、简明扼要、结论明确。应当建立安全生产监督检查档案，并归档保存，保存期不少于3年。安全生产监督检查档案包括但不限于：

（1）安全生产年度监督检查计划；

（2）安全生产监督检查工作汇总表、记录表；

（3）安全生产监督检查相关证据（包括图片、视频、书证等）；

（4）安全生产监督检查报告；

（5）事故隐患整改相关材料或行政处罚决定相关材料；

（6）受理举报情况记录（包括举报内容、调查核实情况、整改落实情况等）。

按照“谁检查、谁录入、谁公开”的原则，将抽查检查结果通过运政系统、相关监管系统以及国家企业信用信息公示系统和全国信用信息共享平台等进行公示，接受社会监督。

# 第二章　检 查 流 程

## 一、检查准备

(1)监管部门应当依据安全生产年度监督检查计划,制定检查工作方案,工作方案应包括检查对象、人员、时间、内容等。

(2)监管部门应当根据安全生产监督检查工作方案,成立检查组,并从检查人员名录库中抽调不少于2名检查人员,持有合法有效的检查执法证件。可以根据实际需要,聘请技术专家(宜从技术专家库中抽取)或者具有能力的第三方服务机构参与检查。

(3)检查组应当实行组长负责制,由1名检查人员担任组长,明确检查组职责分工,参照第三部分《危险货物道路运输安全生产监督检查指导表》编制检查记录表。

(4)检查组应当提前熟悉被检查对象的相关信息。开展监督检查时,应当携带必要的文书和录音、录像或照相等取证设备。综合检查应提前3天告知被检查对象,专项检查可以根据实际需求,综合采用"四不两直""双随机一公开"等形式开展。

## 二、现场检查

(1)检查开始前,检查组组长应主动出示合法有效的交通运输行政执法证,介绍检查组人员构成,说明检查事由,向被检查对象通报检查内容。

(2)检查过程中应当有企业代表人员在场。

(3)检查人员按照安全生产监督检查计划实施检查,填写安全生产监督检查记录表和检查工作汇总表,如实记录检查的时间、地点、内容、发现的问题及其处理意见等,保存提取的证据。

(4)进行检查时,检查人员不得影响被检查对象的正常生产经营活动,对涉及被检查对象的技术秘密和商业秘密,应当履行保密职责。

(5)检查结束后,应当向被检查对象通报检查情况,并就检查过程中发现的问题和检查意见由检查人员和被检查对象的负责人签字确认。负责人拒绝签字的,检查人员应当将情况记录在案,并向实施监督检查的监管部门报告。

(6)对检查中发现的安全生产隐患,应当及时告知被检查对象,并督促被检查对象立即整改,对整改难度较大、需一定时间方能整改消除的安全生产隐患,应当下发安全生产隐患整改通知书限期整改。

(7)通过文字、影像(照相机、录音机、摄像机、执法记录仪、视频监控等记录设备)等记录形式,对监督检查过程进行记录,并归档保存。

(8)安全生产监督检查工作汇总表应一式3份,由监管部门和被检查对象存留,监管部门存留2份,被检查对象存留1份。

## 三、检查结果处理

### (一)安全生产隐患处理

(1)实施监督检查的部门和负有安全生产监督管理职责的部门应当督促被检查对象在规定期限内完成安全生产隐患整改。

(2)实施监督检查的部门和负有安全生产监督管理职责的部门应当对被检查对象的整改措施、责任、预案的落实情况进行跟踪,督促被检查对象上报安全生产隐患整改情况报告,对已达到整改要求的隐患予以确认,对符合验收结论及验收程序的重大事故隐患予以销号。对未采取措施消除安全生产隐患的,责令立即消除或者限期消除;对拒不执行的被检查对象,依法作出行政处罚。

**(二)违法违规行为处理**

对检查中发现的安全生产违法行为应当按照现有的法律法规和《交通运输行政执法程序》规定的程序依法作出行政处罚,涉嫌治安管理和刑事犯罪的,应当及时移交治安管理和司法机关,对没有行政处罚权的事项应当及时移交有行政处罚权的相关部门。

# 第三部分　危险货物道路运输安全生产监督检查指导表

# 一、企业资质及基础管理检查事项

| 序号 | 检查事项 | 检查内容 | 检 查 依 据 |
|---|---|---|---|
| 1 | 资质条件 | 1. 许可资质。<br>2. 企业经营范围 | 1.【行政法规】《中华人民共和国道路运输条例》<br>第二十四条　申请从事货运经营的,应当依法向市场监督管理部门办理有关登记手续后,按照下列规定提出申请并分别提交符合本条例第二十一条、第二十三条规定条件的相关材料:<br>(一)从事危险货物运输经营以外的货运经营的,向县级人民政府交通运输主管部门提出申请。<br>(二)从事危险货物运输经营的,向设区的市级人民政府交通运输主管部门提出申请。<br>依照前款规定收到申请的交通运输主管部门,应当自受理申请之日起 20 日内审查完毕,作出许可或者不予许可的决定。予以许可的,向申请人颁发道路运输经营许可证,并向申请人投入运输的车辆配发车辆营运证;不予许可的,应当书面通知申请人并说明理由。<br>使用总质量 4500 千克及以下普通货运车辆从事普通货运经营的,无须按照本条规定申请取得道路运输经营许可证及车辆营运证。 |

① 从事危险废物、医疗废物运输的经营企业也需要取得《道路运输经营许可证》。

② 即实际承运的危险货物类别没有超出企业经营许可证件经营范围中的危险货物类别。

| 检查方法 | 检查标准 | 处罚依据及标准 | 检查记录 |
| --- | --- | --- | --- |
| 1. 通过资料审查和运政系统信息对比，检查企业是否具有有效的《道路运输经营许可证》或者《道路危险货物运输许可证》。<br>2. 通过资料审查和运政系统信息对比，检查企业的《道路运输经营许可证》或者《道路危险货物运输许可证》副本是否按期年审。 | 1. 营业执照经营范围涵盖危险货物道路运输。<br>2.《道路运输经营许可证》①或《道路危险货物运输许可证》在有效期内，且定期年审，不存在失效、伪造、变造、被注销等无效情形。<br>3. 许可证件中的名称和地址与营业执照或组织机构代码证相符。<br>4. 实际运输货物与经营范围相符合②，不存在未经许可、超许可范围经营和非经营性从事经营性等情形 | 1.【行政法规】《中华人民共和国道路运输条例》<br>第六十三条　违反本条例的规定，有下列情形之一的，由县级以上地方人民政府交通运输主管部门责令停止经营，并处罚款；构成犯罪的，依法追究刑事责任：<br>（三）未取得道路运输经营许可，擅自从事道路危险货物运输经营，违法所得超过 2 万元的，没收违法所得，处违法所得 2 倍以上 10 倍以下的罚款；没有违法所得或者违法所得不足 2 万元的，处 3 万元以上 10 万元以下的罚款。 | |

| 序号 | 检查事项 | 检查内容 | 检 查 依 据 |
| --- | --- | --- | --- |
| | | | 2.【部门规章】《道路危险货物运输管理规定》<br>第十条　申请从事道路危险货物运输经营的企业,应当依法向市场监督管理部门办理有关登记手续后,向所在地设区的市级交通运输主管部门提出申请,并提交以下材料。<br>第十二条　设区的市级交通运输主管部门应当按照《中华人民共和国道路运输条例》和《交通行政许可实施程序规定》,以及本规定所明确的程序和时限实施道路危险货物运输行政许可,并进行实地核查。<br>决定准予许可的,应当向被许可人出具《道路危险货物运输行政许可决定书》,注明许可事项,具体内容应当包括运输危险货物的范围(类别、项别或品名,如果为剧毒化学品应当标注"剧毒"),专用车辆数量、要求以及运输性质,并在10日内向道路危险货物运输经营申请人发放《道路运输经营许可证》,向非经营性道路危险货物运输申请人发放《道路危险货物运输许可证》。<br>交通运输主管部门应当将准予许可的企业或单位的许可事项等,及时以书面形式告知县级道路运输管理机构。<br>决定不予许可的,应当向申请人出具《不予交通行政许可决定书》 |

续上表

| 检查方法 | 检查标准 | 处罚依据及标准 | 检查记录 |
| --- | --- | --- | --- |
| 3. 通过资料审查、运单、电子运单或合同等与业务有关文件，抽查企业实际经营活动是否符合《道路运输经营许可证》或者《道路危险货物运输许可证》的经营范围 | | 2.【部门规章】《道路危险货物运输管理规定》<br>第五十五条　违反本规定，有下列情形之一的，由交通运输主管部门责令停止运输经营，违法所得超过2万元的，没收违法所得，处违法所得2倍以上10倍以下的罚款；没有违法所得或者违法所得不足2万元的，处3万元以上10万元以下的罚款；构成犯罪的，依法追究刑事责任：<br>（一）未取得道路危险货物运输许可，擅自从事道路危险货物运输的；<br>（二）使用失效、伪造、变造、被注销等无效道路危险货物运输许可证件从事道路危险货物运输的；<br>（三）超越许可事项，从事道路危险货物运输的；<br>（四）非经营性道路危险货物运输单位从事道路危险货物运输经营的 | |

| 序号 | 检查事项 | 检查内容 | 检 查 依 据 |
| --- | --- | --- | --- |
| 2 | 安全生产责任制 | 1. 安全生产责任制建立情况。<br>2. 安全生产责任制考核和奖惩情况 | 1.【法律】《中华人民共和国安全生产法》<br>第二十一条　生产经营单位的主要负责人对本单位安全生产工作负有下列职责：<br>（一）建立健全并落实本单位全员安全生产责任制，加强安全生产标准化建设。<br>第二十二条　生产经营单位的全员安全生产责任制应当明确各岗位的责任人员、责任范围和考核标准等内容。生产经营单位应当建立相应的机制，加强对全员安全生产责任制落实情况的监督考核，保证全员安全生产责任制的落实。<br>2.【行政法规】《危险化学品安全管理条例》<br>第四条　……危险化学品单位应当具备法律、行政法规规定和国家标准、行业标准要求的安全条件，建立、健全安全管理规章制度和岗位安全责任制度，对从业人员进行安全教育、法制教育和岗位技术培训。从业人员应当接受教育和培训，考核合格后上岗作业；对有资格要求的岗位，应当配备依法取得相应资格的人员。 |

续上表

| 检查方法 | 检查标准 | 处罚依据及标准 | 检查记录 |
| --- | --- | --- | --- |
| 1. 通过资料审查的方式，以及比对企业组织机构和岗位设置，检查企业是否制定完善的全员安全生产责任制制度文件。<br>2. 检查安全生产责任制是否包括责任人员、责任范围和考核标准。<br>3. 通过资料审查的方式，检查企业是否层层签订安全生产目标责任书。<br>4. 现场抽查部分关键岗位人员，考查其对自身安全生产责任、目标的掌握情况 | 1. 企业制定全员安全生产责任制，并明确各岗位的责任人员、责任范围和考核标准。<br>2. 层层签订安全生产目标责任书；签订人员至少应当包括：主要负责人、分管安全的负责人、专职安全生产管理人员、制作运单人员、车辆技术管理人员、动态监控人员、驾驶人员、押运人员、装卸管理人员。 | 【法律】《中华人民共和国安全生产法》<br>第九十四条　生产经营单位的主要负责人未履行本法规定的安全生产管理职责的，责令限期改正，处二万元以上五万元以下的罚款；逾期未改正的，处五万元以上十万元以下的罚款，责令生产经营单位停产停业整 | |

| 序号 | 检查事项 | 检查内容 | 检查依据 |
| --- | --- | --- | --- |
| | | | 3.【部门规章】《道路危险货物运输管理规定》<br>第八条　申请从事道路危险货物运输经营,应当具备下列条件:<br>(四)有健全的安全生产管理制度:<br>1. 企业主要负责人、安全管理部门负责人、专职安全管理人员安全生产责任制度。<br>2. 从业人员安全生产责任制度 |

续上表

| 检查方法 | 检查标准 | 处罚依据及标准 | 检查记录 |
| --- | --- | --- | --- |
| | 3. 主要负责人、分管安全生产的负责人、安全生产管理人员安全生产责任制内容应符合《中华人民共和国安全生产法》和地方性相关法规的要求。<br>4. 主要负责人、专职安全生产管理人员、专职动态监控人员等关键岗位人员对其法定职责熟悉。<br>5. 定期对安全生产责任制落实情况进行监督考核,有考核奖惩记录,并按照要求公示 | | |

| 序号 | 检查事项 | 检查内容 | 检查依据 |
| --- | --- | --- | --- |
| 3 | 安全生产管理制度 | 1. 安全生产管理制度制定情况。<br>2. 安全生产管理制度执行情况 | 1.【法律】《中华人民共和国安全生产法》<br>第四条　生产经营单位必须遵守本法和其他有关安全生产的法律、法规，加强安全生产管理，建立健全全员安全生产责任制和安全生产规章制度，加大对安全生产资金、物资、技术、人员的投入保障力度，改善安全生产条件，加强安全生产标准化、信息化建设，构建安全风险分级管控和隐患排查治理双重预防机制，健全风险防范化解机制，提高安全生产水平，确保安全生产。<br>第二十一条　生产经营单位的主要负责人对本单位安全生产工作负有下列职责：<br>（二）组织制定并实施本单位安全生产规章制度和操作规程。<br>第四十一条　生产经营单位应当建立安全风险分级管控制度，按照安全风险分级采取相应的管控措施。<br>生产经营单位应当建立健全并落实生产安全事故隐患排查治理制度，采取技术、管理措施，及时发现消除事故隐患。事故隐患排查治理情况应当如实记录，并通过职工大会或者职工代表大会、信息公示栏等方式向从业人员通报。其中，重大事故隐患排查治理情况应当及时向负有安全生产监督管理职责的部门和职工大会或者职工代表大会报告。 |

续上表

| 检查方法 | 检查标准 | 处罚依据及标准 | 检查记录 |
|---|---|---|---|
| 1. 通过资料审查的方式,检查企业安全生产管理制度是否制定齐全。<br>2. 通过资料审查的方式,检查企业是否对从业人员和相关人员进行安全生产管理制度的培训。<br>3. 现场抽查部分关键岗位从业人员,考查其是否掌握相关安全生产管理制度。<br>4. 重点对照安全生产培训和教育档案、安全生产费用使用档案、隐患排查治理档案、车辆技术管理档案等,检查企业是否有效执行各项安全生产管理制度 | 1. 企业建立健全安全生产管理制度,制度内容应符合现行法律法规规章和《危险货物道路运输企业安全生产管理制度编写要求》(JT/T 912)的相关要求。至少包括:安全生产监督检查制度;生产安全事故隐患排查治理制度;安全风险分级管控制度;安全生产教育培训制度;从业人员、专用车辆、设备及停车场地安全管理制度;应急管理制度(需包含应急值班制度、应急装备和应急物资储备、维护、管理和调拨制度);安全生 | 【法律】《中华人民共和国安全生产法》<br>第九十四条　生产经营单位的主要负责人未履行本法规定的安全生产管理职责的,责令限期改正,处二万元以上五万元以下的罚款;逾期未改正的,处五万元以上十万元以下的罚款,责令生产经营单位停产停业整顿<br>第一百零一条　生产经营单位有下列行为之一的,责令限期改正,处十万元以下的罚款;逾期未改正的,责令停产停业整顿,并处十万元以上二十万元以下的罚款,对其直接负责的主管人员和其他直接责任人员处二万元以上五万元以下的罚款;构成犯罪的,依照刑法有关规定追究刑事责任: | |

| 序号 | 检查事项 | 检查内容 | 检 查 依 据 |
| --- | --- | --- | --- |
| | | | 2.【行政法规】《中华人民共和国道路运输条例》<br>第二十一条　申请从事货运经营的，应当具备下列条件：<br>（一）有与其经营业务相适应并经检测合格的车辆；<br>（二）有符合本条例第二十二条规定条件的驾驶人员；<br>（三）有健全的安全生产管理制度。<br>3.【部门规章】《道路危险货物运输管理规定》<br>第八条　申请从事道路危险货物运输经营，应当具备下列条件：<br>（四）有健全的安全生产管理制度：<br>3. 安全生产监督检查制度。<br>4. 安全生产教育培训制度。<br>5. 从业人员、专用车辆、设备及停车场地安全管理制度。<br>6. 应急救援预案制度。<br>7. 安全生产作业规程。<br>8. 安全生产考核与奖惩制度。<br>9. 安全事故处理、统计与处理制度。 |

续上表

| 检查方法 | 检查标准 | 处罚依据及标准 | 检查记录 |
|---|---|---|---|
| | 产考核与奖惩制度；安全事故报告、统计与处理制度；安全生专项资金提取和使用管理制度；危险货物道路运输作业查验、记录制度；动态监控管理制度。<br>2. 定期对安全生产管理制度进行更新修订，及时更新引用的法律法规和标准。<br>3. 抽查主要负责人、专职安全生产管理人员和从业人员，通过座谈和询问，检查制度落实和运行情况 | （一）生产、经营、运输、储存、使用危险物品或者处置废弃危险物品，未建立专门安全管理制度、未采取可靠的安全措施的；<br>（四）未建立安全风险分级管控制度或者未按照安全风险分级采取相应管控措施的；<br>（五）未建立事故隐患排查治理制度，或者重大事故隐患排查治理情况未按照规定报告的 | |

| 序号 | 检查事项 | 检查内容 | 检 查 依 据 |
| --- | --- | --- | --- |
| | | | 4.【部门规章】《危险货物道路运输安全管理办法》<br>第七条　托运人、承运人、装货人应当制定危险货物道路运输作业查验、记录制度,以及人员安全教育培训、设备管理和岗位操作规程等安全生产管理制度。<br>5.【部门规章】《道路运输车辆动态监督管理办法》<br>第二十三条　道道路运输企业应当建立健全并严格落实动态监控管理相关制度,规范动态监控工作:<br>(一)系统平台的建设、维护及管理制度;<br>(二)车载终端安装、使用及维护制度;<br>(三)监控人员岗位职责及管理制度;<br>(四)交通违法动态信息处理和统计分析制度;<br>(五)其他需要建立的制度。<br>6.【部门规章】《道路运输车辆技术管理规定》<br>第十一条　道路运输经营者应当遵守有关法律法规、标准和规范,认真履行车辆技术管理的主体责任,建立健全管理制度,加强车辆技术管理 |

续上表

| 检 查 方 法 | 检 查 标 准 | 处罚依据及标准 | 检查记录 |
| --- | --- | --- | --- |
| | | | |

| 序号 | 检查事项 | 检查内容 | 检 查 依 据 |
| --- | --- | --- | --- |
| 4 | 安全生产操作规程 | 1. 安全生产操作规程制定情况。<br>2. 安全生产操作规程执行情况 | 1.【法律】《中华人民共和国安全生产法》<br>第二十一条　生产经营单位的主要负责人对本单位安全生产工作负有下列职责:<br>(二)组织制定并实施本单位安全生产规章制度和操作规程。<br>2.【部门规章】《道路危险货物运输管理规定》<br>第八条　申请从事道路危险货物运输经营,应当具备下列条件:<br>(四)有健全的安全生产管理制度:<br>7. 安全生产作业规程 |

续上表

| 检查方法 | 检查标准 | 处罚依据及标准 | 检查记录 |
|---|---|---|---|
| 1. 通过资料审查的方式，检查企业是否制定必要的安全生产操作规程。<br>2. 通过资料审查的方式，检查企业是否对从业人员及相关人员进行安全生产操作规程培训。<br>3. 现场抽查部分关键岗位从业人员，考查其对安全生产操作规程的掌握情况，以及是否按照操作规程执行 | 1. 企业建立健全安全生产操作规程，至少包括驾驶人员、押运人员、装卸管理人员、车辆日常检查和日常维护、动态监控等安全生产操作规程。<br>2. 企业对从业人员进行安全生产操作规程培训。<br>3. 现场抽查部分关键岗位人员，询问其对安全操作规程的熟悉程度 | 【法律】《中华人民共和国安全生产法》<br>第九十四条　生产经营单位的主要负责人未履行本法规定的安全生产管理职责的，责令限期改正，处二万元以上五万元以下的罚款；逾期未改正的，处五万元以上十万元以下的罚款，责令生产经营单位停产停业整顿 | |

| 序号 | 检查事项 | 检查内容 | 检 查 依 据 |
| --- | --- | --- | --- |
| 5 | 安全生产管理机构或者专职安全生产生产管理人员 | 安全生产管理机构或专职安全生产管理人员配备情况 | 1.【法律】《中华人民共和国安全生产法》<br>第二十四条　矿山、金属冶炼、建筑施工、运输单位和危险物品的生产、经营、储存、装卸单位，应当设置安全生产管理机构或者配备专职安全生产管理人员。<br>2.【部门规章】《道路危险货物运输管理规定》<br>第八条　申请从事道路货物运输经营，应当具备下列条件：<br>（三）有符合下列要求的从业人员和安全管理人员：<br>3. 企业应当配备专职安全管理人员 |

续上表

| 检 查 方 法 | 检 查 标 准 | 处罚依据及标准 | 检查记录 |
| --- | --- | --- | --- |
| 1. 通过资料审查的方式，检查企业是否设置安全生产管理机构或者配备专职安全生产管理人员，有相关证明文件，如任命书等。<br>2. 通过资料审查的方式，检查专职安全生产管理人员数量是否符合要求 | 1. 按照规定设置安全生产管理机构或者配备专职安全生产管理人员。<br>2. 专职安全生产管理人员数量配备符合要求，具体数量见具体法规要求或者各省相关要求。<br>3. 现场检查专职安全生产管理人员的任命书、聘任合同等，要体现“专职” | 1.【法律】《中华人民共和国安全生产法》<br>第九十七条　生产经营单位有下列行为之一的，责令限期改正，处十万元以下的罚款；逾期未改正的，责令停产停业整顿，并处十万元以上二十万元以下的罚款，对其直接负责的主管人员和其他直接责任人员处二万元以上五万元以下的罚款：<br>（一）未按照规定设置安全生产管理机构或者配备安全生产管理人员、注册安全工程师的。 | |

| 序号 | 检查事项 | 检查内容 | 检 查 依 据 |
|---|---|---|---|
| | | | |

续上表

| 检查方法 | 检查标准 | 处罚依据及标准 | 检查记录 |
| --- | --- | --- | --- |
| | | 2.【行政法规】《危险化学品安全管理条例》<br>第九十一条　有下列情形之一的，由交通部门责令改正，可以处1万元以下的罚款；拒不改正的，处1万元以上5万元以下的罚款：<br>（一）危险化学品道路运输企业、水路运输企业未配备专职安全管理人员的。<br>3.【部门规章】《道路危险货物运输管理规定》<br>第五十九条　违反本规定，道路危险货物运输企业或者单位未配备专职安全管理人员的，由交通运输主管部门依照《中华人民共和国安全生产法》的规定进行处罚 | |

| 序号 | 检查事项 | 检查内容 | 检查依据 |
| --- | --- | --- | --- |
| 6 | 主要负责人和安全生产管理人员的安全生产知识和管理能力 | 1. 主要负责人和专职安全生产管理人员的安全生产知识和管理能力。<br>2. 主要负责人和专职安全生产管理人员安全考核情况 | 1.【法律】《中华人民共和国安全生产法》<br>第二十七条　危险物品的生产、经营、储存、装卸单位以及矿山、金属冶炼、建筑施工、运输单位的主要负责人和安全生产管理人员，应当由主管的负有安全生产监督管理职责的部门对其安全生产知识和管理能力考核合格。考核不得收费。<br>2.【规范性文件】交通运输部关于印发《道路运输企业主要负责人和安全生产管理人员安全考核管理办法》《道路运输企业主要负责人和安全生产管理人员安全考核大纲》的通知（交运规〔2019〕6号） |

续上表

| 检查方法 | 检查标准 | 处罚依据及标准 | 检查记录 |
| --- | --- | --- | --- |
| 1. 通过资料审查的方式，检查企业主要负责人、专职安全生产管理人员、分管安全的负责人等人员的安全考核合格证明材料。<br>2. 现场抽查企业主要负责人、专职安全生产管理人员，询问其是否掌握自身安全生产职责 | 1. 企业主要负责人(包括企业法定代表人、实际控制人，以及分支机构的法定代表人、实际控制人)、专职安全生产管理人员、分管安全的负责人取得市级交通运输主管部门颁发的安全考核合格证明，且在有效期内，或者取得注册安全工程师(道路交通安全)资质。<br>2. 主要负责人和专职安全生产管理人员对其安全生产职责和基础安全生产知识熟悉 | 【法律】《中华人民共和国安全生产法》<br>第九十七条　生产经营单位有下列行为之一的，责令限期改正，处十万元以下的罚款；逾期未改正的，责令停产停业整顿，并处十万元以上二十万元以下的罚款，对其直接负责的主管人员和其他直接责任人员处二万元以上五万元以下的罚款：<br>(二)危险物品的生产、经营、储存、装卸单位以及矿山、金属冶炼、建筑施工、运输单位的主要负责人和安全生产管理人员未按照规定经考核合格的 | |

| 序号 | 检查事项 | 检查内容 | 检查依据 |
| --- | --- | --- | --- |
| 7 | 从业人员从业资格 | 1. 从业人员从业资格情况。<br>2. 从业人员数量与车辆数量匹配情况 | 1.【行政法规】《中华人民共和国道路运输条例》<br>第二十三条　申请从事危险货物运输经营的,还应当具备下列条件:<br>(二)有经所在地设区的市级人民政府交通运输主管部门考试合格,取得上岗资格证的驾驶人员、装卸管理人员、押运人员。<br>2.【行政法规】《危险化学品安全管理条例》<br>第四十四条　危险化学品道路运输企业、水路运输企业的驾驶人员、船员、装卸管理人员、押运人员、申报人员、集装箱装箱现场检查员应当经交通部门考核合格,取得从业资格。具体办法由国务院交通部门制定。<br>3.【部门规章】《道路危险货物运输管理规定》<br>第八条　申请从事道路危险货物运输经营,应当具备下列条件:<br>(三)有符合下列要求的从业人员和安全管理人员: |

续上表

| 检查方法 | 检查标准 | 处罚依据及标准 | 检查记录 |
| --- | --- | --- | --- |
| 1. 通过资料审查和运政系统信息比对的方式，检查企业从业人员的从业资格证书是否有效。<br>2. 通过资料审查和运政系统信息比对的方式，检查企业从业人员年龄是否超过标准（如押运人员年龄是否超过60岁）。<br>3. 通过资料审查和查看和查证的方式，检查未取得剧毒化学品、爆炸品道路运输从业资格证的驾驶人员、押运人员在从事爆炸品、剧毒化学品运输 | 企业危险货物道路运输驾驶人员、押运人员、装卸管理人员均持有有效的从业资格，不存在超越从业资格证核定范围、失效、伪造、变造等情况。其中，从事剧毒化学品、爆炸品道路运输，须取得注明为“剧毒化学品运输”或者“爆炸品运输”类别的从业资格证 | 1.【行政法规】《危险化学品安全管理条例》<br>第八十六条　有下列情形之一的，由交通运输主管部门责令改正，处5万元以上10万元以下的罚款；拒不改正的，责令停产停业整顿；构成犯罪的，依法追究刑事责任：<br>（一）危险化学品道路运输企业、水路运输企业的驾驶人员、船员、装卸管理人员、押运人员、申报人员、集装箱装箱现场检查员未取得从业资格上岗作业的。 | |

| 序号 | 检查事项 | 检查内容 | 检 查 依 据 |
| --- | --- | --- | --- |
| | | | 2. 从事道路危险货物运输的驾驶人员、装卸管理人员、押运人员应当经所在地设区的市级人民政府交通运输主管部门考试合格,并取得相应的从业资格证;从事剧毒化学品、爆炸品道路运输的驾驶人员、装卸管理人员、押运人员,应当经考试合格,取得注明为“剧毒化学品运输”或者“爆炸品运输”类别的从业资格证。<br>4.【部门规章】《道路运输从业人员管理规定》<br>第六条 ……经营性道路客货运输驾驶员和道路危险货物运输从业人员必须取得相应从业资格,方可从事相应的道路运输活动 |

续上表

| 检查方法 | 检查标准 | 处罚依据及标准 | 检查记录 |
| --- | --- | --- | --- |
| | | 2.【部门规章】《道路危险货物运输管理规定》<br>第五十八条　违反本规定,道路危险货物运输企业或者单位以及托运人有下列情形之一的,由交通运输主管部门责令改正,并处5万元以上10万元以下的罚款,拒不改正的,责令停产停业整顿;构成犯罪的,依法追究刑事责任:<br>(一)驾驶人员、装卸管理人员、押运人员未取得从业资格上岗作业的 | |

## 二、安全生产教育和培训检查事项

| 序号 | 检查事项 | 检查内容 | 检查依据 |
|---|---|---|---|
| 1 | 安全生产教育和培训计划 | 安全生产教育和培训计划制定情况 | 【法律】《中华人民共和国安全生产法》<br>第二十一条　生产经营单位的主要负责人对本单位安全生产工作负有下列职责：<br>（三）组织制定并实施本单位安全生产教育和培训计划 |

| 检查方法 | 检查标准 | 处罚依据及标准 | 检查记录 |
| --- | --- | --- | --- |
| 1. 通过资料审查的方式，检查企业是否制定安全生产教育和培训计划。<br>2. 通过现场抽查的方式，检查企业是否按照培训计划实施培训 | 1. 企业编制安全生产教育和培训计划。<br>2. 按照计划开展安全生产教育和培训，如有变更，有变更记录 | 【法律】《中华人民共和国安全生产法》<br>第九十四条　生产经营单位的主要负责人未履行本法规定的安全生产管理职责的，责令限期改正，处二万元以上五万元以下的罚款；逾期未改正的，处五万元以上十万元以下的罚款，责令生产经营单位停产停业整顿 | |

| 序号 | 检查事项 | 检查内容 | 检 查 依 据 |
| --- | --- | --- | --- |
| 2 | 安全生产教育和培训实施 | 安全生产教育和培训实施情况 | 1.【法律】《中华人民共和国安全生产法》<br>第二十八条　生产经营单位应当对从业人员进行安全生产教育和培训，保证从业人员具备必要的安全生产知识，熟悉有关的安全生产规章制度和安全操作规程，掌握本岗位的安全操作技能，了解事故应急处理措施，知悉自身在安全生产方面的权利和义务。未经安全生产教育和培训合格的从业人员，不得上岗作业。<br>生产经营单位使用被派遣劳动者的，应当将被派遣劳动者纳入本单位从业人员统一管理，对被派遣劳动者进行岗位安全操作规程和安全操作技能的教育和培训。劳务派遣单位应当对被派遣劳动者进行必要的安全生产教育和培训。<br>生产经营单位接收中等职业学校、高等学校学生实习的，应当对实习学生进行相应的安全生产教育和培训，提供必要的劳动防护用品。学校应当协助生产经营单位对实习学生进行安全生产教育和培训。 |

续上表

| 检查方法 | 检查标准 | 处罚依据及标准 | 检查记录 |
|---|---|---|---|
| 1. 通过资料审查的方式，检查企业是否对从业人员、动态监控人员、运单制作等人员进行岗前培训并考核，核查培训学时是否符合要求，上岗前是否考核合格。<br>2. 通过资料审查的方式，检查企业是否对从业人员定期进行安全生产培训和教育，检查培训学时周期是否符合要求。<br>3. 通过资料审查的方式，检查安全生产教育和培训内容中是否涵盖全员安全生产责任制、应急处置措施、应急预案等内容； | 1. 新聘用的驾驶人员、押运人员、装卸管理人员、运单制作人员、动态监控人员等需要进行岗前培训，考核合格后方可上岗作业，有相应考核记录和培训证明材料。<br>2. 对全体员工开展全员安全生产责任制的培训教育，有相应培训证明材料。<br>3. 对有事故暴露风险的从业人员开展应急预案和应急处置措施培训，有相应的培训证明材料。<br>4. 驾驶人员、押运人员的岗前安全生产教育培训时间应不少于24学时。 | 1.【法律】《中华人民共和国安全生产法》<br>第九十七条　生产经营单位有下列行为之一的，责令限期改正，处十万元以下的罚款；逾期未改正的，责令停产停业整顿，并处十万元以上二十万元以下的罚款，对其直接负责的主管人员和其他直接责任人员处二万元以上五万元以下的罚款：<br>（三）未按照规定对从业人员、被派遣劳动者、实习学生进行安全生产教育和培训，或者未按照规定如实告知有关的安全生产事项的。 | |

| 序号 | 检查事项 | 检查内容 | 检查依据 |
| --- | --- | --- | --- |
| | | | 2.【行政法规】《中华人民共和国道路运输条例》<br>第二十八条　客运经营者、货运经营者应当加强对从业人员的安全教育、职业道德教育,确保道路运输安全。<br>3.【行政法规】《生产安全事故应急条例》<br>第十一条　应急救援队伍建立单位或者兼职应急救援人员所在单位应当按照国家有关规定对应急救援人员进行培训;应急救援人员经培训合格后,方可参加应急救援工作。<br>第十五条　生产经营单位应当对从业人员进行应急教育和培训,保证从业人员具备必要的应急知识,掌握风险防范技能和事故应急措施 |

续上表

| 检查方法 | 检查标准 | 处罚依据及标准 | 检查记录 |
| --- | --- | --- | --- |
| 4. 通过资料审查的方式，检查诚信考核不合格驾驶人员是否按照要求参加继续教育。<br>5. 通过资料审查的方式，检查企业是否对实习人员、被派遣劳动者、离岗6个月以上或换岗人员等人员(若有)进行安全生产教育培训。<br>6. 通过资料审查和现场抽查的方式，检查企业是否对道路交通违法和事故驾驶员进行针对性的教育和处理。 | 5. 企业定期对从业人员进行安全生产培训和教育，每季度至少培训一次，每年定期教育培训时间应不少于24学时，有相应培训证明材料。<br>6. 企业对实习人员、被派遣劳动者、离岗6个月以上或换岗人员等进行安全生产培训和教育，有相应培训证明材料。<br>7. 驾驶员培训内容应符合《危险货物道路运输规则　第7部分：运输条件及作业要求》(JT/T 617.7—2018)中5.2的规定；押运人员和装卸管理人员 | 2.【部门规章】《危险货物道路运输安全管理办法》<br>第五十六条　交通运输主管部门对危险货物承运人违反本办法第七条，未对从业人员进行安全教育和培训的，应当责令限期改正，可以处5万元以下的罚款；逾期未改正的，责令停产停业整顿，并处5万元以上10万元以下的罚款，对其直接负责的主管人员和其他直接责任人员处1万元以上2万元以下的罚款 | |

| 序号 | 检查事项 | 检查内容 | 检 查 依 据 |
|---|---|---|---|
| | | | |

续上表

| 检查方法 | 检查标准 | 处罚依据及标准 | 检查记录 |
| --- | --- | --- | --- |
| 7. 通过现场抽查、座谈和询问的方式,检查从业人员、动态监控人员、运单制作人员等关键岗位人员对安全生产相关法律法规、典型交通事故案例、安全驾驶技能、应急处置等内容的了解程度 | 的培训内容应符合《危险货物道路运输规则 第1部分:通则》(JT/T 617.1—2018)中7.2的规定。<br>8. 检查诚信考核等级为不合格的驾驶员继续教育情况,参加继续教育学时应不少于18学时。<br>9. 对道路交通违法和事故驾驶人员进行针对性的教育和处理,有相应培训记录和处理记录。<br>10. 被抽查的人员知悉其所参加的培训教育内容 | | |

| 序号 | 检查事项 | 检查内容 | 检 查 依 据 |
| --- | --- | --- | --- |
| 3 | 安全生产教育和培训档案 | 1. 档案建立和记录情况。<br>2. 档案保存情况 | 1.【法律】《中华人民共和国安全生产法》<br>第二十八条　生产经营单位应当建立安全生产教育和培训档案，如实记录安全生产教育和培训的时间、内容、参加人员以及考核结果等情况。<br>2.【部门规章】《危险货物道路运输安全管理办法》<br>第七条　……托运人、承运人、装货人应当妥善保存安全教育培训及考核记录。岗前安全教育培训及考核记录保存至相关从业人员离职后 12 个月；定期安全教育记录保存期限不得少于 12 个月 |

续上表

| 检查方法 | 检查标准 | 处罚依据及标准 | 检查记录 |
|---|---|---|---|
| 1. 通过资料审查的方式，查看企业是否建立安全生产教育和培训档案。<br>2. 通过资料审查的方式，查看企业的安全生产教育和培训档案是否包括培训时间、内容、参加人员以及考核结果等情况。<br>3. 通过资料审查的方式，查看安全生产教育和培训档案是否存在未如实记录的情况。<br>4. 通过现场抽查的方式，抽查安全生产教育和培训档案保存时限是否符合要求 | 1. 企业建立安全生产教育和培训档案，档案内容包括培训时间、内容、参加人员以及考核结果等情况。<br>2. 企业如实记录安全生产教育和培训情况。<br>3. 岗前安全教育培训及考核记录保存至相关从业人员离职后12个月；定期安全教育培训记录保存期限不得少于12个月 | 【法律】《中华人民共和国安全生产法》<br>第九十七条　生产经营单位有下列行为之一的，责令限期改正，处十万元以下的罚款；逾期未改正的，责令停产停业整顿，并处十万元以上二十万元以下的罚款，对其直接负责的主管人员和其他直接责任人员处二万元以上五万元以下的罚款：<br>（四）未如实记录安全生产教育和培训情况的 | |

## 三、安全生产费用检查事项

| 序号 | 检查事项 | 检查内容 | 检查依据 |
|---|---|---|---|
| 1 | 安全生产费用提取与使用 | 1. 安全生产费用提取情况。<br>2. 企业安全费用使用情况 | 1.【法律】《中华人民共和国安全生产法》<br>第二十三条　生产经营单位应当具备的安全生产条件所必需的资金投入，由生产经营单位的决策机构、主要负责人或者个人经营的投资人予以保证，并对由于安全生产所必需的资金投入不足导致的后果承担责任。<br>有关生产经营单位应当按照规定提取和使用安全生产费用，专门用于改善安全生产条件。安全生产费用在成本中据实列支。安全生产费用提取、使用和监督管理的具体办法由国务院财政部门会同国务院应急管理部门征求国务院有关部门意见后制定。<br>2.【规范性文件】《企业安全生产费用提取和使用管理办法》<br>第二十四条　交通运输企业以上一年度营业收入为依据，确定本年度应计提金额，并逐月平均提取。具体如下：<br>（一）普通货运业务1%；<br>（二）客运业务、管道运输、危险品等特殊货运业务1.5%。 |

| 检查方法 | 检查标准 | 处罚依据及标准 | 检查记录 |
| --- | --- | --- | --- |
| 1. 通过资料审查的方式,检查企业是否制定了年度安全生产费用提取和使用计划。<br>2. 通过资料审查的方式,检查企业安全生产费用提取台账和相关财务凭证,核查其提取比例是否符合要求。<br>3. 通过资料审查的方式,检查企业安全生产费用使用台账和相关财务凭证,核查其支出范围是否符合要求。<br>4. 核查企业年度安全生产费用的计提和使用比例,检查企业安全生产费用使用情况 | 1. 企业制定年度安全生产费用提取和使用计划。<br>2. 企业制定安全生产费用提取和使用独立台账。<br>3. 有财务凭证证明其提取比例不低于上年度实际营业收入的1.5%。<br>4. 企业按照规定范围使用安全生产费用,且有相应的发票、收据、转账凭证等真实凭证。 | 【法律】《中华人民共和国安全生产法》<br>第九十三条　生产经营单位的决策机构、主要负责人或者个人经营的投资人不依照本法规定保证安全生产所必需的资金投入,致使生产经营单位不具备安全生产条件的责令限期改正,提供必需的资金;逾期未改正的,责令生产经营单位停产停业整顿。<br>有前款违法行为,导致发生生产安全事故的,对生产经营单位的主要负责人给予撤职处分,对个人经营的投资人处二万元以上二十万元以下的罚款;构成犯罪的,依照刑法有关规定追究刑事责任 | |

| 序号 | 检查事项 | 检查内容 | 检查依据 |
| --- | --- | --- | --- |
| | | | 第四十六条　企业应当加强安全生产费用管理,编制年度企业安全生产费用提取和使用计划,纳入企业财务预算,确保资金投入。<br>第四十七条　企业提取的安全生产费用从成本(费用)中列支并专项核算。符合本办法规定的企业安全生产费用支出应当取得发票、收据、转账凭证等真实凭证。<br>本企业职工薪酬、福利不得从企业安全生产费用中支出。企业从业人员发现报告事故隐患的奖励支出从企业安全生产费用中列支。<br>第五十一条　企业当年实际使用的安全生产费用不足年度应计提金额60%的,除按规定进行信息披露外,还应当于下一年度4月底前,按照属地监管权限向县级以上人民政府负有安全生产监督管理职责的部门提交经企业董事会、股东会等机构审议的书面说明。<br>第五十三条　企业作为承揽人或承运人向客户提供纳入本办法规定范围的服务,且外购材料和服务成本高于自客户取得营业收入85%以上的,可以将营业收入扣除相关外购材料和服务成本的净额,作为企业安全生产费用计提依据 |

续上表

| 检查方法 | 检查标准 | 处罚依据及标准 | 检查记录 |
| --- | --- | --- | --- |
| | 5. 安全生产费用的使用范围符合《企业安全生产费用提取和使用管理办法》(财资〔2022〕136号)第二十五条的要求,不存在应急管理部"《企业安全生产费用提取和使用管理办法》解读"中列明的《交通运输企业安全生产费用支出负面清单》中记录的情形 | | |

# 四、车辆、设施、设备检查事项

| 序号 | 检查事项 | 检查内容 | 检查依据 |
|---|---|---|---|
| 1 | 车辆证件及有效性 | 1.《道路运输证》有效性。<br>2. 与经营范围相符性 | 1.【法律】《中华人民共和国固体废物环境污染防治法》<br>第八十三条　运输危险废物，应当采取防止污染环境的措施，并遵守国家有关危险货物运输管理的规定。<br>2.【部门规章】《道路危险货物运输管理规定》<br>第十四条　被许可人应当按照承诺期限落实拟投入的专用车辆、设备。原许可机关应当对被许可人落实的专用车辆、设备予以核实，对符合许可条件的专用车辆配发《道路运输证》，并在《道路运输证》经营范围栏内注明允许运输的危险货物类别、项别或者品名，如果为剧毒化学品应标注“剧毒”；对从事非经营性道路危险货物运输的车辆，还应当加盖“非经营性危险货物运输专用章”。<br>3.【部门规章】《危险货物道路运输安全管理办法》<br>第二十三条　……危险货物承运人使用常压液体危险货物罐式车辆运输危险货物的，应当在罐式车辆罐体的适装介质列表范围内承运；使用移动式压力容器运输危险货物的，应当按照移动式压力容器使用登记证上限定的介质承运 |

| 检查方法 | 检查标准 | 处罚依据及标准 | 检查记录 |
| --- | --- | --- | --- |
| 1. 通过现场抽查、资料审查、运政系统数据比对等方式，检查企业从事危险货物（含危险废物和医疗废物）运输的车辆是否取得合法有效的《道路运输证》。<br>2. 通过查询“道路运输车辆技术服务网（https://atestsc.mot.gov.cn）”和“道路运输达标车辆核查记录表”确认车辆是否可以承运危险货物。 | 1. 抽查的从事危险货物（含危险废物、医疗废物）道路运输车辆均取得合法有效的《道路运输证》。其中，从事危险废物和医疗废物运输的车辆，其《道路运输证》经营范围应涵盖危险废物或者医疗废物。《国家危险废物名录》中明确的在转移和运输环节实行豁免管理的危险废物、诊断用放射性药品的道路运输安全管理除外。 | 1.【部门规章】《道路危险货物运输管理规定》<br>第五十五条　违反本规定，有下列情形之一的，由交通运输主管部门责令停止运输经营，违法所得超过2万元的，没收违法所得，处违法所得2倍以上10倍以下的罚款；没有违法所得或者违法所得不足2万元的，处3万元以上10万元以下的罚款；构成犯罪的，依法追究刑事责任：<br>（一）未取得道路危险货物运输许可，擅自从事道路危险货物运输的。 | |

| 序号 | 检查事项 | 检查内容 | 检 查 依 据 |
| --- | --- | --- | --- |
| | | | |

续上表

| 检查方法 | 检查标准 | 处罚依据及标准 | 检查记录 |
| --- | --- | --- | --- |
| 3. 通过现场抽查的方式,随机抽查车辆的行驶证“使用性质”是否为“危化品运输”。<br>4. 通过线上核查、现场抽查等方式,随机抽查运单或其他相关凭证,检查车辆和罐体实际承运货物是否超过《道路运输证》的经营范围,是否超过《道路运输经营许可证》或者《道路危险货物运输许可证》的经营范围。<br>5. 核对车辆行驶证,检查车辆类型是否为自卸式车辆 | 2. 抽查的车辆行驶证“使用性质”须为“危化品运输”。<br>3. 抽查的车辆和罐体实际承运货物未超出《道路运输证》的经营范围,也未超过《道路运输经营许可证》或者《道路危险货物运输许可证》的经营范围。<br>4. 检查车辆类型是否与允许承运介质相符。若属于自卸式车辆,只能运输散装硫黄、萘饼、粗蒽、煤焦沥青等危险货物。<br>5. 道路运输达标车辆核查记录表中明确标明适合危险货物运输 | 2.【部门规章】《道路货物运输及站场管理规定》<br>第六十三条　违反前款规定使用无《道路运输证》的车辆参加危险货物运输的,由交通运输主管部门责令改正,处3000元以上1万元以下的罚款。<br>3.【部门规章】《危险货物道路运输安全管理办法》<br>第六十条　交通运输主管部门对危险货物承运人有下列情形之一的,应当责令改正,处2000元以上5000元以下的罚款:<br>(一)违反本办法第二十三条,未在罐式车辆罐体的适装介质列表范围内或者移动式压力容器使用登记证上限定的介质承运危险货物的 | |

| 序号 | 检查事项 | 检查内容 | 检查依据 |
| --- | --- | --- | --- |
| 2 | 车辆数量符合许可条件 | 车辆数量符合许可条件 | 【部门规章】《道路危险货物运输管理规定》<br>第八条　申请从事道路危险货物运输经营,应当具备下列条件:<br>(一)有符合下列要求的专用车辆及设备:<br>1. 自有专用车辆(挂车除外)5 辆以上;运输剧毒化学品、爆炸品的,自有专用车辆(挂车除外)10 辆以上 |
| 3 | 随车携带《道路运输证》 | 《道路运输证》随车携带或当场提供其他有效证明 | 1.【行政法规】《中华人民共和国道路运输条例》<br>第三十三条　道路运输车辆应当随车携带车辆营运证,不得转让、出租。<br>2.【部门规章】《道路货物运输及站场管理规定》<br>第二十三条　道路货物运输经营者应当要求其聘用的车辆驾驶员随车携带按照规定要求取得的《道路运输证》。<br>第三十五条　驾驶人员应当随车携带《道路运输证》 |

续上表

| 检查方法 | 检查标准 | 处罚依据及标准 | 检查记录 |
|---|---|---|---|
| 通过资料审查和运政系统信息比对的方式，核对车辆技术档案和运政系统数据，检查企业是否仍然具备开业许可要求的最低车辆数 | 实际车辆数量符合许可条件中的最低车辆数要求 | 【部门规章】《道路货物运输及站场管理规定》<br>第五十八条　交通运输主管部门在实施道路运输监督检查过程中，发现取得道路货物运输经营许可的道路货物运输经营者不再具备开业要求的安全生产条件的，应当由原许可机关撤销原许可 | |
| 通过现场抽查的方式，检查车辆是否随车携带《道路运输证》 | 车辆随车携带《道路运输证》或当场提供其他有效证明 | 1.【行政法规】《中华人民共和国道路运输条例》<br>第六十二条　县级以上人民政府交通运输主管部门的工作人员在实施道路运输监督检查过程中，对没有车辆营运证又无法当场提供其他有效证明的车辆予以暂扣的，应当妥善保管，不得使用，不得收取或者变相收取保管费用。 | |

| 序号 | 检查事项 | 检查内容 | 检 查 依 据 |
| --- | --- | --- | --- |
| | | | |

续上表

| 检查方法 | 检查标准 | 处罚依据及标准 | 检查记录 |
| --- | --- | --- | --- |
| | | 2.【部门规章】《道路货物运输及站场管理规定》<br>第五十七条 ……交通运输主管部门的工作人员在实施道路运输监督检查过程中，对没有《道路运输证》又无法当场提供其他有效证明的货运车辆可以予以暂扣，并出具《道路运输车辆暂扣凭证》。对暂扣车辆应当妥善保管，不得使用，不得收取或者变相收取保管费用。<br>3.【部门规章】《道路危险货物运输管理规定》<br>第五十三条 交通运输主管部门在实施监督检查过程中，经本部门主要负责人批准，可以对没有随车携带《道路运输证》又无法当场提供其他有效证明文件的危险货物运输专用车辆予以扣押 | |

| 序号 | 检查事项 | 检查内容 | 检查依据 |
| --- | --- | --- | --- |
| 4 | 车辆年审 | 车辆年审情况 | 1.【部门规章】《道路运输车辆技术管理规定》<br>第二十七条　交通运输主管部门应当将车辆技术等级情况、客车类型等级情况纳入道路运输车辆年度审验内容。<br>2.【部门规章】《道路危险货物运输管理规定》<br>第二十一条　设区的市级交通运输主管部门应当定期对专用车辆进行审验，每年审验一次。审验按照《道路运输车辆技术管理规定》进行，并增加以下审验项目：<br>（一）专用车辆投保危险货物承运人责任险情况；<br>（二）必需的应急处理器材、安全防护设施设备和专用车辆标志的配备情况；<br>（三）具有行驶记录功能的卫星定位装置的配备情况 |

续上表

| 检查方法 | 检查标准 | 处罚依据及标准 | 检查记录 |
|---|---|---|---|
| 通过资料审查、运政系统核查和现场抽查的方式,检查危险货物运输车辆是否定期年审 | 危险货物运输车辆按期年审,未逾期 | | |

| 序号 | 检查事项 | 检查内容 | 检查依据 |
| --- | --- | --- | --- |
| 5 | 车辆检测与技术等级评定 | 车辆综合性能检测和技术等级评定情况 | 1.【部门规章】《道路运输车辆技术管理规定》<br>第二十条　道路运输经营者应当定期到取得市场监督管理部门资质认定证书、具备相应检验检测能力的机动车检验检测机构，对道路运输车辆进行检验检测和技术等级评定。<br>第二十一条　道路运输经营者应当自道路运输车辆首次取得道路运输证当月起，按照下列周期和频次进行检验检测和技术等级评定：<br>（一）客车自首次经国家机动车登记主管部门注册登记不满 60 个月的，每 12 个月进行 1 次检验检测和技术等级评定；超过 60 个月的，每 6 个月进行 1 次检验检测和技术等级评定。<br>（二）其他道路运输车辆自首次经国家机动车登记主管部门注册登记不满 120 个月的，每 12 个月进行 1 次检验检测和技术等级评定；超过 120 个月的，每 6 个月进行 1 次检验检测和技术等级评定。<br>2.【部门规章】《道路危险货物运输管理规定》<br>第二十二条　禁止使用报废的、擅自改装的、检测不合格的、车辆技术等级达不到一级的和其他不符合国家规定的车辆从事道路危险货物运输 |

续上表

| 检查方法 | 检查标准 | 处罚依据及标准 | 检查记录 |
|---|---|---|---|
| 1. 通过资料审查、运政系统信息比对和现场抽查的方式，检查车辆是否按照规定的周期和频次进行机动车检验检测和技术等级评定。<br>2. 核查机动车检验检测报告的结论，确认车辆技术等级是否为一级 | 1. 自首次经国家机动车登记主管部门注册登记不满 120 个月的，每 12 个月进行 1 次检验检测和技术等级评定；超过 120 个月的，每 6 个月进行 1 次检验检测和技术等级评定。<br>2. 机动车检验检测报告的车辆技术等级栏或其他相关信息显示车辆技术等级为“一级” | 【部门规章】《道路运输车辆技术管理规定》<br>第三十一条　违反本规定，道路运输经营者未按照规定的周期和频次进行车辆检验检测或者未按规定维护道路运输车辆的，交通运输主管部门应当责令改正，处 1000 元以上 5000 元以下罚款 | |

| 序号 | 检查事项 | 检查内容 | 检查依据 |
| --- | --- | --- | --- |
| 6 | 车辆维护 | 1. 行车日志和车辆日常维护及记录。<br>2. 车辆一二级维护及记录 | 1.【部门规章】《道路运输从业人员管理规定》<br>第三十九条　经营性道路旅客运输驾驶员和道路危险货物运输驾驶员应当按照规定填写行车日志。行车日志式样由省级道路运输主管部门统一制定。<br>2.【部门规章】《危险货物道路运输安全管理办法》<br>第二十六条　危险货物道路运输车辆驾驶人、押运人员在起运前,应当对承运危险货物的运输车辆、罐式车辆罐体、可移动罐柜、罐箱进行外观检查,确保没有影响运输安全的缺陷。<br>3.【部门规章】《道路运输车辆技术管理规定》<br>第十六条　道路运输经营者应当建立车辆维护制度。车辆维护分为日常维护、一级维护和二级维护。日常维护由驾驶员实施,一级维护和二级维护由道路运输经营者组织实施,并做好记录。<br>第十七条　道路运输经营者应当依据国家有关标准和车辆维修手册、使用说明书等,结合车辆类别、车辆运行状况、行驶里程、道路条件、使用年限等因素,自行确定车辆维护周期,确保车辆正常维护 |

续上表

| 检查方法 | 检查标准 | 处罚依据及标准 | 检查记录 |
|---|---|---|---|
| 1. 通过资料审查和现场抽查的方式，抽查驾驶员是否按照规定填写行车日志，行车日志应反映驾驶员履行车辆日常维护相应要求，并有相应驾驶人员签字。<br>2. 通过资料审查的方式，查看行车日志等信息，检查驾驶人员、押运人员起运前是否对承运危险货物的运输车辆、罐式车辆罐体、可移动罐柜、罐箱进行外观检查。 | 1. 驾驶员认真填写行车日志，行车日志包括行车前、行车中和收车后有关车辆日常维护的要求，有驾驶员签字。<br>2. 驾驶员起运前，对车辆、罐体、罐柜和罐箱及设备进行外观检查，其中常压罐体外观检查内容符合《道路运输液体危险货物罐式车辆　第1部分：金属常压罐体技术要求》（GB 18564.1—2019）附录D中的外观检查要求。 | 【部门规章】《道路运输车辆技术管理规定》<br>第三十一条　违反本规定，道路运输经营者未按照规定的周期和频次进行车辆检验检测或者未按规定维护道路运输车辆的，交通运输主管部门应当责令改正，处1000元以上5000元以下罚款 | |

| 序号 | 检查事项 | 检查内容 | 检 查 依 据 |
| --- | --- | --- | --- |
| | | | |

续上表

| 检查方法 | 检查标准 | 处罚依据及标准 | 检查记录 |
|---|---|---|---|
| 3. 通过资料审查和现场抽查的方式，抽查车辆技术档案，检查车辆维护记录，核查企业是否做好车辆二级维护记录，维护周期是否符合企业、国家有关标准和车辆维修手册、使用说明书等要求，或者地方政策的规定 | 3. 委托外单位进行二级维护时，应有合法有效的维护出厂合格证，并将相关记录填写至车辆技术档案中。<br>4. 车辆二级维护周期符合国家有关标准和车辆维修手册、使用说明书等要求，以及企业车辆技术管理制度或者地方政策的规定 | | |

| 序号 | 检查事项 | 检查内容 | 检 查 依 据 |
| --- | --- | --- | --- |
| 7 | 车辆修理 | 维修企业维修资质情况 | 【部门规章】《道路运输车辆技术管理规定》<br>第十九条　道路运输经营者用于运输剧毒化学品、爆炸品的专用车辆及罐式专用车辆(含罐式挂车),应当到具备危货车维修条件的企业进行维修。<br>前款规定专用车辆的牵引车和其他运输危险货物的车辆由道路运输经营者消除危险货物的危害后,可以到具备一般车辆维修条件的企业进行维修 |

续上表

| 检 查 方 法 | 检 查 标 准 | 处罚依据及标准 | 检查记录 |
|---|---|---|---|
| 通过资料审查的方式，查看车辆维修记录或者合同，核实剧毒化学品、爆炸品的专用车辆及罐式专用车辆（含罐式挂车）的维修企业是否具备道路危险货物运输车辆维修条件 | 运输剧毒化学品、爆炸品的专用车辆及罐式专用车辆（含罐式挂车），应到具备道路危险货物运输车辆维修条件的企业进行维修 | | |

| 序号 | 检查事项 | 检查内容 | 检 查 依 据 |
| --- | --- | --- | --- |
| 8 | 车辆强制报废 | 车辆强制报废情况 | 1.【部门规章】《机动车强制报废标准规定》<br>第五条　各类机动车使用年限分别如下：<br>（十）全挂车、危险品运输半挂车使用10年，集装箱半挂车20年，其他半挂车使用15年。<br>第七条　国家对达到一定行驶里程的机动车引导报废。达到下列行驶里程的机动车，其所有人可以将机动车交售给报废机动车回收拆解企业，由报废机动车回收拆解企业按规定进行登记、拆解、销毁等处理，并将报废的机动车登记证书、号牌、行驶证交公安机关交通管理部门注销：<br>（八）……危险品运输载货汽车行驶40万千米……<br>2.【部门规章】《道路运输车辆技术管理规定》<br>第九条　禁止使用报废、擅自改装、拼装、检测不合格以及其他不符合国家规定的车辆从事道路运输经营活动 |

续上表

| 检查方法 | 检查标准 | 处罚依据及标准 | 检查记录 |
|---|---|---|---|
| 通过资料审查、运政系统信息比对和现场抽查的方式，对照车辆行驶证、车辆行驶里程、车辆技术档案等信息，检查车辆是否按照规定年限报废 | 车辆按照规定年限或行驶里程进行报废。危险品运输车辆强制报废年限为10年，或者行驶里程达到40万千米，且有相应的报废手续 | 【部门规章】《道路运输车辆技术管理规定》<br>第三十条　道路运输经营者使用报废、擅自改装、拼装、检验检测不合格和其他不符合国家规定的车辆从事道路运输经营活动的，或者道路运输车辆的技术状况未达到第七条规定的有关标准要求的，交通运输主管部门应当责令改正。交通运输主管部门应当将对道路运输车辆技术管理的监督检查和执法情况纳入道路运输企业质量信誉考核和信用管理 | |

| 序号 | 检查事项 | 检查内容 | 检查依据 |
|---|---|---|---|
| 9 | 车辆改装、拼装 | 车辆改装、拼装等行为 | 1.【行政法规】《中华人民共和国道路运输条例》<br>第三十条　客运经营者、货运经营者应当加强对车辆的维护和检测，确保车辆符合国家规定的技术标准；不得使用报废的、擅自改装的和其他不符合国家规定的车辆从事道路运输经营。<br>2.【部门规章】《道路危险货物运输管理规定》<br>第二十二条　禁止使用报废的、擅自改装的、检测不合格的、车辆技术等级达不到一级的和其他不符合国家规定的车辆从事道路危险货物运输 |

续上表

| 检查方法 | 检查标准 | 处罚依据及标准 | 检查记录 |
| --- | --- | --- | --- |
| 1. 通过资料审查,公告数据查询,车辆行驶证、车辆登记证明材料或者检测报告查看等方式,现场抽查车辆及罐体是否存在改装行为。<br>2. 车辆公告数据可以通过"道路机动车辆生产企业及产品信息查询系统"(http://app.miiteidc.org.cn/miitxxgk/gonggao/xxgk/index)查询 | 抽查的车辆和罐体不存在非法改装或者拼装等行为,必要时可以委托专业机构来确认 | 1.【行政法规】《中华人民共和国道路运输条例》<br>第六十九条　违反本条例的规定,客运经营者、货运经营者擅自改装已取得车辆营运证的车辆的,由县级以上地方人民政府交通运输主管部门责令改正,处5000元以上2万元以下的罚款。<br>2.【部门规章】《道路危险货物运输管理规定》<br>第六十一条　违反本规定,道路危险货物运输企业擅自改装已取得《道路运输证》的专用车辆及罐式专用车辆罐体的,由交通运输主管部门责令改正,并处5000元以上2万元以下的罚款 | |

| 序号 | 检查事项 | 检查内容 | 检查依据 |
| --- | --- | --- | --- |
| 10 | 车辆技术档案 | “一车一档”建立情况 | 【部门规章】《道路运输车辆技术管理规定》<br>第十五条　道路运输经营者应当建立车辆技术档案,实行一车一档。档案内容主要包括:车辆基本信息,机动车检验检测报告(含车辆技术等级),道路运输达标车辆核查记录表,客车类型等级审验、车辆维护和修理(含机动车维修竣工出厂合格证)、车辆主要零部件更换、车辆变更、行驶里程、对车辆造成损伤的交通事故等记录。档案内容应当准确、详实。<br>车辆转移所有权或者车籍地时,车辆技术档案应当随车移交。<br>道路运输经营者应当运用信息化技术做好道路运输车辆技术档案管理工作 |

续上表

| 检查方法 | 检查标准 | 处罚依据及标准 | 检查记录 |
|---|---|---|---|
| 1.通过资料审查、运政系统信息对比的方式，查看企业是否按照“一车一档”要求建立车辆技术档案。<br>2.通过现场抽查的方式，检查车辆技术档案，检查内容是否包括：车辆基本信息，机动车检验检测报告（含车辆技术等级），道路运输达标车辆核查记录表，车辆维护和修理（含机动车维修竣工出厂合格证）、车辆主要零部件更换、车辆变更、行驶里程、对车辆造成损伤的交通事故等记录，并及时更新 | 1.现场抽查的车辆均按照“一车一档”要求建立车辆技术档案。<br>2.车辆技术档案记录完善，且规范填写，及时更新；《道路运输企业车辆技术管理规范》（JT/T 1045—2016）中明确的档案信息，可作为参考 | | |

| 序号 | 检查事项 | 检查内容 | 检 查 依 据 |
|---|---|---|---|
| 11 | 电子运单和安全卡 | 1. 运单或者电子运单制作和携带情况。<br>2. 道路运输危险货物安全卡的携带情况 | 1.【部门规章】《危险货物道路运输安全管理办法》<br>第二十四条　危险货物承运人应当制作危险货物运单,并交由驾驶人随车携带。危险货物运单应当妥善保存,保存期限不得少于 12 个月。<br>第四十四条　……运输车辆应当安装、悬挂符合《道路运输危险货物车辆标志》(GB 13392)要求的警示标志,随车携带防护用品、应急救援器材和危险货物道路运输安全卡,严格遵守道路交通安全法律法规规定,保障道路运输安全。<br>2.【部门规章】《道路危险货物运输管理规定》<br>第三十五条　驾驶人员应当随车携带《道路运输证》。驾驶人员或者押运人员应当按照《危险货物道路运输规则》(JT/T 617)的要求,随车携带《道路运输危险货物安全卡》。<br>3.【规范性文件】《交通运输部办公厅关于加强危险货物道路运输运单管理工作的通知》 |

续上表

| 检 查 方 法 | 检 查 标 准 | 处罚依据及标准 | 检查记录 |
|---|---|---|---|
| 1. 通过资料审查、运单系统、动态监控系统等线上抽查和现场抽查等方式，查看企业是否制定运单或者电子运单。<br>2. 通过现场抽查和线上抽查的方式，检查运单填写是否符合《危险货物道路运输规则　第5部分：托运要求》(JT/T 617.5—2018)和《交通运输部办公厅关于加强危险货物道路运输运单管理工作的通知》(交办运函〔2020〕531号)的要求。 | 1. 企业每次运输任务均填写运单或者电子运单，纸质运单加盖企业公章，并按照规定的时限保存。<br>2. 运单填写规范，必填项目按照要求填写。<br>3. 随机抽查的车辆均随车携带有效运单。<br>4. 随机抽查的车辆均随车携带符合JT/T 617.5—2018要求的《道路运输危险货物安全卡》 | 【部门规章】《危险货物道路运输安全管理办法》<br>第六十条　交通运输主管部门对危险货物承运人有下列情形之一的，应当责令改正，处2000元以上5000元以下的罚款：<br>(二)违反本办法第二十四条，未按照规定制作危险货物运单或者保存期限不符合要求的。<br>第六十一条　交通运输主管部门对危险货物道路运输车辆驾驶人具有下列情形之一的，应当责令改正，处1000元以上3000元以下的罚款：<br>(一)违反本办法第二十四条、第四十四条，未按照规定随车携带危险货物运单、安全卡的 | |

| 序号 | 检查事项 | 检查内容 | 检 查 依 据 |
| --- | --- | --- | --- |
| | | | |
| 12 | 承运人责任险 | 承运人责任险投保情况 | 1.【行政法规】《中华人民共和国道路运输条例》<br>第三十五条　客运经营者、危险货物运输经营者应当分别为旅客或者危险货物投保承运人责任险。<br>2.【部门规章】《道路危险货物运输管理规定》<br>第四十九条　道路危险货物运输企业或者单位应当为其承运的危险货物投保承运人责任险。<br>3.【规范性文件】《关于做好道路运输承运人责任保险的通知》 |

续上表

| 检查方法 | 检查标准 | 处罚依据及标准 | 检查记录 |
| --- | --- | --- | --- |
| 3. 通过现场抽查的方式,检查车辆是否随车携带运单或者电子运单。<br>4. 通过资料审查、现场核查的方式,检查企业制作的《道路运输危险货物安全卡》是否符合 JT/T 617.5—2018 的要求,且随车携带 | | | |
| 通过资料审查、现场抽查的方式,,检查车辆是否按照要求投保有效的承运人责任险 | 1. 随机抽查的车辆均购买承运人责任险,且在有效期内。<br>2. 承运人责任险保额符合《关于做好道路运输承运人责任保险的通知》(交运发〔2013〕786 号)的要求 | 1.【行政法规】《中华人民共和国道路运输条例》<br>第六十七条　违反本条例的规定,客运经营者、危险货物运输经营者未按规定投保承运人责任险的,由县级以上地方人民政府交通运输主管部门责令限期投保;拒不投保的,由原许可机关吊销道路运输经营许可证。 | |

| 序号 | 检查事项 | 检查内容 | 检 查 依 据 |
| --- | --- | --- | --- |
| | | | |

续上表

| 检查方法 | 检查标准 | 处罚依据及标准 | 检查记录 |
| --- | --- | --- | --- |
| | | 2.【部门规章】《道路危险货物运输管理规定》<br>第五十七条　违反本规定，道路危险货物运输企业或者单位有下列行为之一，由交通运输主管部门责令限期投保；拒不投保的，由原许可机关吊销《道路运输经营许可证》或者《道路危险货物运输许可证》，或者吊销相应的经营范围：<br>（一）未投保危险货物承运人责任险的；<br>（二）投保的危险货物承运人责任险已过期，未继续投保的 | |

| 序号 | 检查事项 | 检查内容 | 检 查 依 据 |
| --- | --- | --- | --- |
| 13 | 车辆标志牌、标记和安全告示牌 | 车辆按照规定悬挂标志牌、标记和安全告示牌的情况 | 1.【部门规章】《道路危险货物运输管理规定》<br>第三十条　专用车辆应当按照国家标准《道路运输危险货物车辆标志》(GB 13392)的要求悬挂标志。<br>2.【部门规章】《危险货物道路运输安全管理办法》<br>第四十四条　……运输车辆应当安装、悬挂符合《道路运输危险货物车辆标志》(GB 13392①)要求的警示标志……运输爆炸品和剧毒化学品车辆还应当安装、粘贴符合《道路运输爆炸品和剧毒化学品车辆安全技术条件》(GB 20300②)要求的安全标示牌 |

① 最新版本为《道路运输危险货物车辆标志》(GB 13392—2023),自 2025 年 4 月 1 日开始实施,在过渡期内按照《道路运输危险货物车辆标志》(GB 13392—2005)制作的标志牌和标志灯仍有效。

② 根据国家标准计划,GB 21668—2008、GB 20300—2018 和 GB 36220—2018 将合并为 GB 21668。

续上表

| 检查方法 | 检查标准 | 处罚依据及标准 | 检查记录 |
| --- | --- | --- | --- |
| 1. 通过资料审查、现场抽查的方式,检查车辆是否按照规定悬挂标志牌、标记和安全标示牌。<br>2. 通过现场抽查的方式,抽查车辆的安全标示牌信息是否与实际承运货物相符 | 1. 随机抽查的车辆标志牌、标记和安全标示牌悬挂符合 GB 13392 和 GB 20300 的要求。<br>2. 实际悬挂的标志牌、标记和安全标示牌与承运货物相符,并按照规定悬挂表示主次要危险特性的标志牌 | | |

| 序号 | 检查事项 | 检查内容 | 检查依据 |
| --- | --- | --- | --- |
| 14 | 应急处理器材和安全防护设备 | 车辆应急处理器材和安全防护设备配备情况 | 1.【行政法规】《危险化学品安全管理条例》<br>第四十五条　运输危险化学品,应当根据危险化学品的危险特性采取相应的安全防护措施,并配备必要的防护用品和应急救援器材。<br>2.【部门规章】《道路危险货物运输管理规定》<br>第三十二条　专用车辆应当配备符合有关国家标准以及与所载运的危险货物相适应的应急处理器材和安全防护设备。<br>3.【部门规章】《危险货物道路运输安全管理办法》<br>第四十四条　……运输车辆应当安装、悬挂符合《道路运输危险货物车辆标志》(GB 13392)要求的警示标志,随车携带防护用品、应急救援器材和危险货物道路运输安全卡,严格遵守道路交通安全法律法规规定,保障道路运输安全 |

续上表

| 检查方法 | 检查标准 | 处罚依据及标准 | 检查记录 |
| --- | --- | --- | --- |
| 通过资料审查和现场抽查的方式，随机抽查车辆是否按照有关法律法规和JT/T 617.7—2018的要求配备有效的应急处理器材和安全防护设备 | 1.车辆配备的应急处理器材和安全防护设备符合有关法律法规和JT/T 617.7—2018等相关要求。<br>2.应急处理器材和安全防护设备均能正常使用，且在有效期内 | 1.【行政法规】《危险化学品安全管理条例》<br>第八十六条　有下列情形之一的，由交通运输主管部门责令改正，处5万元以上10万元以下的罚款；拒不改正的，责令停产停业整顿；构成犯罪的，依法追究刑事责任：<br>（二）运输危险化学品，未根据危险化学品的危险特性采取相应的安全防护措施，或者未配备必要的防护用品和应急救援器材的。 | |

| 序号 | 检查事项 | 检查内容 | 检 查 依 据 |
| --- | --- | --- | --- |
| | | | |

续上表

| 检查方法 | 检查标准 | 处罚依据及标准 | 检查记录 |
| --- | --- | --- | --- |
| | | 2.【部门规章】《道路危险货物运输管理规定》<br>第五十八条　违反本规定，道路危险货物运输企业或者单位以及托运人有下列情形之一的，由交通运输主管部门责令改正，并处5万元以上10万元以下的罚款，拒不改正的，责令停产停业整顿；构成犯罪的，依法追究刑事责任：<br>（三）未根据危险化学品的危险特性采取相应的安全防护措施，或者未配备必要的防护用品和应急救援器材的 | |

| 序号 | 检查事项 | 检查内容 | 检查依据 |
|---|---|---|---|
| 15 | 常压罐式车辆罐体、可移动罐柜、罐式集装箱 | 常压罐式车辆罐体、可移动罐柜、罐式集装箱检验情况 | 1.【法律】《中华人民共和国安全生产法》<br>第三十七条　生产经营单位使用的危险物品的容器、运输工具,以及涉及人身安全、危险性较大的海洋石油开采特种设备和矿山井下特种设备,必须按照国家有关规定,由专业生产单位生产,并经具有专业资质的检测、检验机构检测、检验合格,取得安全使用证或者安全标志,方可投入使用。检测、检验机构对检测、检验结果负责。<br>2.【部门规章】《道路危险货物运输管理规定》<br>第二十三条　……压力容器和罐式专用车辆应当在压力容器或者罐体检验合格的有效期内承运危险货物。<br>3.【部门规章】《危险货物道路运输安全管理办法》<br>第三十八条　……检验机构应当严格按照国家标准、行业标准及国家统一发布的检验业务规则,开展液体危险化学品常压罐式车辆罐体检验,对检验合格的罐体出具检验合格证书。检验合格证书包括罐体载质量、罐体容积、罐体编号、适装介质列表和下次检验日期等内容。检验机构名录及检验业务规则由国务院市场监督管理部门、国务院交通运输主管部门共同公布。 |

续上表

| 检查方法 | 检查标准 | 处罚依据及标准 | 检查记录 |
| --- | --- | --- | --- |
| 1. 通过资料审查、运政系统信息比对和现场抽查的方式，查看常压罐车、罐式集装箱、可移动罐柜是否经具有专业资质的检验机构检验合格，取得检验合格证书。对于常压罐车，重点查看检验项目是否包括紧急切断装置，检验结论是否明确反映罐体“符合国家标准 GB 18564.1 和 GB 18564.2”或为“允许继续使用”。罐式集装箱和可移动罐柜还应取得相应的安全合格标志。 | 1. 常压液体危险货物罐车罐体检验机构在《交通运输部办公厅关于转发具备常压液体危险货物罐车罐体检验资质的检验机构名单的通知》（交办运函〔2022〕1387号）中，且检验合格，取得检验合格证书。<br>2. 罐式集装箱、可移动罐柜经专业资质的检验机构检验合格，取得检验合格证书，取得相应的安全合格标志。 | 1.【法律】《中华人民共和国安全生产法》<br>第九十九条　危险物品的容器、运输工具，未经具有专业资质的机构检测、检验合格，取得安全使用证或者安全标志，投入使用的，责令限期改正，可以处五万元以下的罚款；逾期未改正的，处五万元以上二十万元以下的罚款，其直接负责的主管人员和其他直接责任人员处一万元以上二万元以下的罚款；情节严重的，责令停产停业整顿；构成犯罪的，依照刑法有关规定追究刑事责任。 | |

| 序号 | 检查事项 | 检查内容 | 检 查 依 据 |
| --- | --- | --- | --- |
| | | | 第四十条　罐式车辆罐体应当在检验有效期内装载危险货物。<br>第四十二条　运输危险货物的可移动罐柜、罐箱应当经具有专业资质的检验机构检验合格，取得检验合格证书，并取得相应的安全合格标志，按照规定用途使用。<br>4.【部门规章】《道路危险货物运输管理规定》<br>第二十三条　……压力容器和罐式专用车辆应当在压力容器或者罐体检验合格的有效期内承运危险货物 |

续上表

| 检查方法 | 检查标准 | 处罚依据及标准 | 检查记录 |
| --- | --- | --- | --- |
| 2. 核查罐体检测检验报告中的检测机构是否在《交通运输部办公厅关于转发具备常压液体危险货物罐车罐体检验资质的检验机构名单的通知》(交办运函〔2022〕1387号)中。<br>3. 通过资料审查、运政系统核对和现场抽查的方式,检查是否在检验有效期内使用常压罐式车辆罐体、可移动罐柜、罐式集装箱等 | 3. 抽查的常压罐式车辆罐体、可移动罐柜、罐式集装箱均在罐体检验合格的有效期内使用,不存在逾期仍在运行的罐体 | 2.【部门规章】《危险货物道路运输安全管理办法》<br>第六十二条　交通运输主管部门对危险货物承运人违反本办法第四十条、第四十一条、第四十二条,使用未经检验合格或者超出检验有效期的罐式车辆罐体、可移动罐柜、罐箱从事危险货物运输的,应当责令限期改正,可以处5万元以下的罚款;逾期未改正的,处5万元以上20万元以下的罚款,对其直接负责的主管人员和其他直接责任人员处1万元以上2万元以下的罚款;情节严重的,责令停产停业整顿 | |

| 序号 | 检查事项 | 检查内容 | 检 查 依 据 |
| --- | --- | --- | --- |
| 16 | 特种设备管理(如有) | 1.《特种设备使用登记证》取证情况。<br>2. 定期检验 | 1.【法律】《中华人民共和国安全生产法》<br>第三十七条　生产经营单位使用的危险物品的容器、运输工具,以及涉及人身安全、危险性较大的海洋石油开采特种设备和矿山井下特种设备,必须按照国家有关规定,由专业生产单位生产,并经具有专业资质的检测、检验机构检测、检验合格,取得安全使用证或者安全标志,方可投入使用。检测、检验机构对检测、检验结果负责。<br>2.【法律】《中华人民共和国特种设备安全法》<br>第三十三条　特种设备使用单位应当在特种设备投入使用前或者投入使用后三十日内,向负责特种设备安全监督管理的部门办理使用登记,取得使用登记证书。登记标志应当置于该特种设备的显著位置。 |

续上表

| 检查方法 | 检查标准 | 处罚依据及标准 | 检查记录 |
| --- | --- | --- | --- |
| 1. 通过资料审查和现场核查的方式,检查移动式压力容器是否取得有效的《特种设备使用登记证》。<br>2. 通过资料审查和现场抽查的方式,查看移动式压力容器是否经具有专业资质的检验机构检验合格,并取得检验合格证书,且在检验有效期内使用。<br>3. 通过资料审查、电子运单抽查和现场抽查的方式,查看实际承运危险货物是否与移动式压力容器使用登记证上限定的介质相符 | 1. 移动式压力容器按照规定办理使用登记,取得有效的《特种设备使用登记证》,且登记标志置于该设备显著位置。<br>2. 按照规定时限进行定期检查,取得检验合格证书。检验机构具备特种设备检验检测资质,且检验报告结论允许继续使用。<br>3. 抽查的移动式压力容器均在检验合格证书有效期内使用。<br>4. 抽查的移动式压力容器均按照移动式压力容器使用登记证上限定的介质承运 | 1.【法律】《中华人民共和国安全生产法》<br>第九十九条　危险物品的容器、运输工具,未经具有专业资质的机构检测、检验合格,取得安全使用证或者安全标志,投入使用的,责令限期改正,可以处五万元以下的罚款;逾期未改正的,处五万元以上二十万元以下的罚款,其直接负责的主管人员和其他直接责任人员处一万元以上二万元以下的罚款;情节严重的,责令停产停业整顿;构成犯罪的,依照刑法有关规定追究刑事责任。<br>2.【部门规章】《危险货物道路运输安全管理办法》<br>第六十条　交通运输主管部门对危险货物承运人有下列情形之一的,应当责令改正,处2000元以上5000元以下的罚款: | |

| 序号 | 检查事项 | 检查内容 | 检 查 依 据 |
| --- | --- | --- | --- |
| | | | 3.【部门规章】《危险货物道路运输安全管理办法》<br>第二十三条　……危险货物承运人使用常压液体危险货物罐式车辆运输危险货物的,应当在罐式车辆罐体的适装介质列表范围内承运;使用移动式压力容器运输危险货物的,应当按照移动式压力容器使用登记证上限定的介质承运。<br>第四十三条　危险货物包装容器属于移动式压力容器或者气瓶的,还应当满足特种设备相关法律法规、安全技术规范以及国际条约的要求。<br>4.【部门规章】《道路危险货物运输管理规定》<br>第二十三条　……压力容器和罐式专用车辆应当在压力容器或者罐体检验合格的有效期内承运危险货物 |

续上表

| 检查方法 | 检查标准 | 处罚依据及标准 | 检查记录 |
| --- | --- | --- | --- |
| | | （一）违反本办法第二十三条，未在罐式车辆罐体的适装介质列表范围内或者移动式压力容器使用登记证上限定的介质承运危险货物的；<br>第六十二条　交通运输主管部门对危险货物承运人违反本办法第四十条、第四十一条、第四十二条，使用未经检验合格或者超出检验有效期的罐式车辆罐体、可移动罐柜、罐箱从事危险货物运输的，应当责令限期改正，可以处5万元以下的罚款；逾期未改正的，处5万元以上20万元以下的罚款，对其直接负责的主管人员和其他直接责任人员处1万元以上2万元以下的罚款；情节严重的，责令停产停业整顿 | |

| 序号 | 检查事项 | 检查内容 | 检 查 依 据 |
| --- | --- | --- | --- |
| 17 | 车辆、罐式车辆罐体、可移动罐柜、罐式集装箱及设备技术状况检查和记录 | 车辆、罐式车辆罐体、可移动罐柜、罐箱及设备技术状况检查和记录情况 | 1.【部门规章】《道路危险货物运输管理规定》<br>第二十四条　道路危险货物运输企业或者单位对重复使用的危险货物包装物、容器,在重复使用前应当进行检查;发现存在安全隐患的,应当维修或者更换。道路危险货物运输企业或者单位应当对检查情况作出记录,记录的保存期限不得少于2年。<br>2.【部门规章】《危险货物道路运输安全管理办法》<br>第二十五条　危险货物承运人在运输前,应当对运输车辆、罐式车辆罐体、可移动罐柜、罐式集装箱及相关设备的技术状况,以及卫星定位装置进行检查并做好记录,对驾驶人、押运人员进行运输安全告知 |
| 18 | 常压罐体清洗置换 | 常压罐体清洗置换情况 | 【部门规章】《道路危险货物运输管理规定》<br>第二十五条　道路危险货物运输企业或者单位应当到具有污染物处理能力的机构对常压罐体进行清洗(置换)作业,将废气、污水等污染物集中收集,消除污染,不得随意排放,污染环境 |

续上表

| 检查方法 | 检查标准 | 处罚依据及标准 | 检查记录 |
| --- | --- | --- | --- |
| 通过资料审查和现场抽查的方式，检查企业是否定期对运输车辆、罐式车辆罐体、可移动罐柜、罐式集装箱及相关设备的技术状况进行检查，有相应检查记录，且保存时限符合要求 | 1. 企业对车辆、罐体、罐柜和罐式集装箱及设备的技术状况进行定期检查。<br>2. 车辆技术状况检查记录保存时限不少于2年 | 【部门规章】《危险货物道路运输安全管理办法》<br>第六十条　交通运输主管部门对危险货物承运人有下列情形之一的，应当责令改正，处2000元以上5000元以下的罚款：<br>（三）违反本办法第二十五条，未按照要求对运输车辆、罐式车辆罐体、可移动罐柜、罐箱及设备进行检查和记录的 | |
| 通过资料审查、现场抽查等方式，检查企业是否更换常压罐体的充装介质，若需要清洗（置换），检查清洗（置换）相关合同文件 | 常压罐体需要清洗（置换）时，到具有污染物处理能力的机构对常压罐体进行清洗（置换）作业 | | |

## 五、停车场安全管理检查事项

| 序号 | 检查事项 | 检查内容 | 检查依据 |
| --- | --- | --- | --- |
| 1 | 停车场管理 | 1. 停车场面积和封闭情况。<br>2. 停车场所有权和位置。<br>3. 剧毒、爆炸品运输车辆设有专用停车区域，并有明显警示标志。<br>4. 安全防护、环境保护、消防设施设备配备情况 | 【部门规章】《道路危险货物运输管理规定》<br>第八条　申请从事道路危险货物运输经营，应当具备下列条件：<br>（二）有符合下列要求的停车场地：<br>1. 自有或者租借期限为 3 年以上，且与经营范围、规模相适应的停车场地，停车场地应当位于企业注册地市级行政区域内。<br>2. 运输剧毒化学品、爆炸品专用车辆以及罐式专用车辆，数量为 20 辆（含）以下的，停车场地面积不低于车辆正投影面积的 1.5 倍，数量为 20 辆以上的，超过部分，每辆车的停车场地面积不低于车辆正投影面积；运输其他危险货物的，专用车辆数量为 10 辆（含）以下的，停车场地面积不低于车辆正投影面积的 1.5 倍；数量为 10 辆以上的，超过部分，每辆车的停车场地面积不低于车辆正投影面积。<br>3. 停车场地应当封闭并设立明显标志，不得妨碍居民生活和威胁公共安全。<br>第三十一条　运输剧毒化学品、爆炸品的企业或者单位，应当配备专用停车区域，并设立明显的警示标牌 |

| 检查方法 | 检查标准 | 处罚依据及标准 | 检查记录 |
| --- | --- | --- | --- |
| 1. 通过资料审查、现场抽查的方式，检查停车场的实际面积是否与企业现有车辆正投影面积相符。<br>2. 通过资料审查、现场抽查的方式，检查停车场所有权形式，或者租赁合同期限是否符合要求。<br>3. 通过资料审查的方式，比对相关合同或者产权证明，检查停车场是否位于企业注册地市行政区域内。<br>4. 现场检查停车场是否封闭，并设立明显标志。 | 1. 停车场面积与车辆正投影面积之和相符。<br>2. 停车场具有有效的土地产权证明或者有租借期限 3 年以上的租赁合同。<br>3. 停车场地位于企业注册地市级行政区域内。<br>4. 停车场地进行封闭并设立明显标志，标志至少包括“危险货物专用停车场”标识、“禁止烟火”、限速标志等警示标识等。 | 【部门规章】《道路货物运输及站场管理规定》<br>第五十八条　交通运输主管部门在实施道路运输监督检查过程中，发现取得道路货物运输经营许可的道路货物运输经营者不再具备开业要求的安全生产条件的，应当由原许可机关撤销原许可 | |

| 序号 | 检查事项 | 检查内容 | 检 查 依 据 |
|---|---|---|---|
| | | | |

续上表

| 检查方法 | 检查标准 | 处罚依据及标准 | 检查记录 |
| --- | --- | --- | --- |
| 5. 通过资料审查、现场抽查的方式,检查停车场是否为剧毒化学品、爆炸品运输车辆配备专用停车区域,并设置明显的警示标牌。<br>6. 现场检查安全防护、环境保护、消防设施是否配置,与许可提交的设备清单是否与相符 | 5. 剧毒化学品、爆炸品专用车辆配备专用停车区域,并设立明显的警示标牌。<br>6. 配备了必要的安全防护、环境保护、消防设施,并定期维护保养,确保有效 | | |

## 六、动态监控管理检查事项

| 序号 | 检查事项 | 检查内容 | 检查依据 |
| --- | --- | --- | --- |
| 1 | 动态监控管理制度 | 动态监控管理制度 | 【部门规章】《道路运输车辆动态监督管理办法》<br>第二十三条　道路运输企业应当建立健全动态监控管理相关制度，规范动态监控工作：<br>（一）系统平台的建设、维护及管理制度；<br>（二）车载终端安装、使用及维护制度；<br>（三）监控人员岗位职责及管理制度；<br>（四）交通违法动态信息处理和统计分析制度；<br>（五）其他需要建立的制度 |

| 检查方法 | 检查标准 | 处罚依据及标准 | 检查记录 |
| --- | --- | --- | --- |
| 通过资料审查和现场抽查的方式，检查企业是否制定符合相关要求的动态监控管理制度，并按照要求进行公示 | 1. 企业制定动态监控管理制度。<br>2. 动态监控制度包括：系统平台的建设、维护及管理制度；车载终端安装、使用及维护制度；监控人员岗位职责及管理制度；交通违法动态信息处理和统计分析制度；其他需要建立的制度。<br>3. 相关制度在适当位置进行公示 | 1.【法律】《中华人民共和国安全生产法》<br>第一百零一条　生产经营单位有下列行为之一的，责令限期改正，处十万元以下的罚款；逾期未改正的，责令停产停业整顿，并处十万元以上二十万元以下的罚款，对其直接负责的主管人员和其他直接责任人员处二万元以上五万元以下的罚款；构成犯罪的，依照刑法有关规定追究刑事责任：<br>（一）生产、经营、运输、储存、使用危险物品或者处置废弃危险物品，未建立专门安全管理制度、未采取可靠的安全措施的； | |

| 序号 | 检查事项 | 检查内容 | 检查依据 |
| --- | --- | --- | --- |
| | | | |

续上表

| 检查方法 | 检查标准 | 处罚依据及标准 | 检查记录 |
| --- | --- | --- | --- |
| | | 2.【部门规章】《道路运输车辆动态监督管理办法》<br>第三十五条　违反本办法的规定，道路运输企业有下列情形之一的，由县级以上道路运输管理机构责令改正。拒不改正的，处1000元以上3000元以下罚款：<br>（二）未建立或者未有效执行交通违法动态信息处理制度、对驾驶员交通违法处理率低于90%的 | |

| 序号 | 检查事项 | 检查内容 | 检查依据 |
| --- | --- | --- | --- |
| 2 | 专职监控人员 | 1. 专职监控人员配备情况。<br>2. 专职监控人员培训上岗情况。<br>3. 专职监控人员履职情况 | 【部门规章】《道路运输车辆动态监督管理办法》<br>第二十一条　道路旅客运输企业、道路危险货物运输企业和拥有50辆及以上重型载货汽车或牵引车的道路货物运输企业应当配备专职监控人员。专职监控人员配置原则上按照监控平台每接入100辆车设1人的标准配备,最低不少于2人。监控人员应当掌握国家相关法规和政策,经运输企业培训、考试合格后上岗。<br>第二十五条　监控人员应当实时分析、处理车辆行驶动态信息,及时提醒驾驶员纠正超速行驶、疲劳驾驶等违法行为,并记录存档至动态监控台账 |

续上表

| 检 查 方 法 | 检 查 标 准 | 处罚依据及标准 | 检查记录 |
| --- | --- | --- | --- |
| 1. 通过资料审查的方式,检查企业专职监控人员配备名单,核查配备数量是否符合要求,现场询问其工作是否能体现专职。<br>2. 通过资料审查和现场抽查的方式,检查专职监控人员是否经运输企业培训,且考核合格后上岗;<br>3. 通过现场抽查、座谈询问和观察等方式,检查动态监控人员对卫星定位系统平台的使用和操作情况,确认其是否能够熟练完成实时监控、指令下发、轨迹回放、统计分析等操作 | 1. 专职监控人员按照100辆车设1人的标准配备,最低不少于2人,有相应任命文件。<br>2. 专职监控人员工作体现专职,不能同时兼任其他工作。<br>3. 专职监控人员经过企业岗前培训,考核合格后上岗作业,有考核合格记录。<br>4. 专职监控人员知悉自身的安全生产职责,能够熟练操作卫星定位系统平台 | 1.【部门规章】《道路运输车辆动态监督管理办法》<br>第三十五条　违反本办法的规定,道路运输企业有下列情形之一的,由县级以上道路运输管理机构责令改正。拒不改正的,处1000元以上3000元以下罚款:<br>(三)未按规定配备专职监控人员,或者监控人员未有效履行监控职责的。 | |

| 序号 | 检查事项 | 检查内容 | 检 查 依 据 |
| --- | --- | --- | --- |
| | | | |

续上表

| 检查方法 | 检查标准 | 处罚依据及标准 | 检查记录 |
| --- | --- | --- | --- |
| | | 2.【法律】《中华人民共和国安全生产法》<br>第九十七条　生产经营单位有下列行为之一的，责令限期改正，处十万元以下的罚款；逾期未改正的，责令停产停业整顿，并处十万元以上二十万元以下的罚款，对其直接负责的主管人员和其他直接责任人员处二万元以上五万元以下的罚款：<br>（三）未按照规定对从业人员、被派遣劳动者、实习学生进行安全生产教育和培训，或者未按照规定如实告知有关的安全生产事项的 | |

| 序号 | 检查事项 | 检查内容 | 检查依据 |
| --- | --- | --- | --- |
| 3 | 卫星定位系统平台和卫星定位装置技术要求 | 1. 危险货物运输车辆卫星定位系统车载终端安装情况。<br>2. 卫星定位系统平台和车载终端的标准符合性技术审查情况。<br>3. 监控平台接入全国重点营运车辆联网联控系统情况 | 【部门规章】《道路运输车辆动态监督管理办法》<br>第六条　道路运输车辆卫星定位系统平台应当符合以下标准要求：<br>（一）《道路运输车辆卫星定位系统平台技术要求》（GB/T 35658）；<br>（二）《道路运输车辆卫星定位系统终端通信协议及数据格式》（JT/T 808）；<br>（三）《道路运输车辆卫星定位系统平台数据交换》（JT/T 809）。<br>第七条　在道路运输车辆上安装的卫星定位装置应符合以下标准要求：<br>（一）《道路运输车辆卫星定位系统车载终端技术要求》（JT/T 794）；<br>（二）《道路运输车辆卫星定位系统终端通信协议及数据格式》（JT/T 808）；<br>（三）《机动车运行安全技术条件》（GB 7258）；<br>（四）《汽车行驶记录仪》（GB/T 19056）。<br>第八条　道路旅客运输企业、道路危险货物运输企业和拥有50辆及以上重型载货汽车或者牵引车的道路货物运输企业应当按照标准建设道路运输车辆动态监控平台，或者使用符合条件的社会化卫星定位系统监控平台（以下统称监控平台），对所属道路运输车辆和驾驶员运行过程进行实时监控和管理。<br>第十二条　道路运输经营者应当选购安装符合标准的卫星定位装置的车辆，并接入符合要求的监控平台 |

续上表

| 检查方法 | 检查标准 | 处罚依据及标准 | 检查记录 |
| --- | --- | --- | --- |
| 1. 通过资料审查和现场抽查等方式，检查车辆是否均安装车载终端，并接入企业卫星定位系统平台。<br>2. 通过资料审查、现场抽查和线上抽查等方式，检查企业卫星定位系统平台是否接入全国重点营运车辆联网联控系统；<br>3. 通过线上抽查的方式，抽查企业车辆是否按要求上传车辆行驶的动态信息和企业、驾驶人员、车辆的相关信息 | 1. 企业危险货物运输车辆均安装车载终端，安装率达到100%，有相应的安装证明。<br>2. 企业卫星定位系统平台有效接入全国重点营运车辆联网联控系统，有接入证明。<br>3. 抽查的车辆均按要求上传车辆行驶动态信息和企业、驾驶人员、车辆等相关信息 | 【部门规章】《道路运输车辆动态监督管理办法》<br>第三十五条　违反本办法的规定，道路运输企业有下列情形之一的，由县级以上道路运输管理机构责令改正。拒不改正的，处1000元以上3000元以下罚款：<br>（一）道路运输企业未使用符合标准的监控平台、监控平台未接入联网联控系统、未按规定上传道路运输车辆动态信息的 | |

| 序号 | 检查事项 | 检查内容 | 检查依据 |
| --- | --- | --- | --- |
| 4 | 卫星定位系统平台基础信息录入和设置 | 1. 车辆和驾驶员信息录入情况。<br>2. 动态阈值设置情况 | 1.【部门规章】《道路运输车辆动态监督管理办法》<br>第十四条　道路旅客运输企业和道路危险货物运输企业监控平台应当接入全国重点营运车辆联网联控系统(以下简称联网联控系统),并按照要求将车辆行驶的动态信息和企业、驾驶人员、车辆的相关信息逐级上传至全国道路运输车辆动态信息公共交换平台。<br>第二十四条　道路运输企业应当根据法律法规的相关规定以及车辆行驶道路的实际情况,按照规定设置监控超速行驶和疲劳驾驶的限值,以及核定运营线路、区域及夜间行驶时间等,在所属车辆运行期间对车辆和驾驶员进行实时监控和管理。<br>2.【部门规章】《道路运输从业人员管理规定》<br>第三十八条　经营性道路客货运输驾驶员和道路危险货物运输驾驶员不得超限、超载运输,连续驾驶时间不得超过 4 个小时,不得超速行驶和疲劳驾驶。<br>3.【部门规章】《危险货物道路运输安全管理办法》<br>第四十六条　危险货物运输车辆在高速公路上行驶速度不得超过每小时 80 公里,在其他道路上行驶速度不得超过每小时 60 公里。道路限速标志、标线标明的速度低于上述规定速度的,车辆行驶速度不得高于限速标志、标线标明的速度 |

续上表

| 检查方法 | 检查标准 | 处罚依据及标准 | 检查记录 |
| --- | --- | --- | --- |
| 1. 通过资料审查和现场抽查的方式，对比企业车辆技术档案、从业人员档案等，检查卫星定位系统平台中是否完整录入车辆和驾驶员基础资料信息。<br>2. 通过现场抽查和线上核查的方式，检查卫星定位系统平台中超速行驶、疲劳驾驶，离线、漂移、轨迹完整率，核定行驶线路和区域(如有)及夜间行驶时间等阈值设置是否符合要求 | 1. 抽查的车辆和驾驶员在卫星定位系统平台录入的基础资料完整。<br>2. 按照相关法律法规的规定在卫星定位系统平台中设置超速行驶、疲劳驾驶等限值，并在需求时设置核定行驶线路和区域及夜间行驶时间等阈值 | | |

| 序号 | 检查事项 | 检查内容 | 检查依据 |
|---|---|---|---|
| 5 | 动态监控时间 | 动态监控时段覆盖运营时段情况 | 【部门规章】《道路运输车辆动态监督管理办法》<br>第二十四条　道路运输企业应当根据法律法规的相关规定以及车辆行驶道路的实际情况，按照规定设置监控超速行驶和疲劳驾驶的限值，以及核定运营线路、区域及夜间行驶时间等，在所属车辆运行期间对车辆和驾驶员进行实时监控和管理 |
| 6 | 违法违规报警信息处置 | 卫星定位系统平台中记录的违法违规信息的处置情况 | 【部门规章】《道路运输车辆动态监督管理办法》<br>第二十五条　监控人员应当实时分析、处理车辆行驶动态信息，及时提醒驾驶员纠正超速行驶、疲劳驾驶等违法行为，并记录存档至动态监控台账；对经提醒仍然继续违法驾驶的驾驶员，应当及时向企业安全管理机构报告，安全管理机构应当立即采取措施制止；对拒不执行制止措施仍然继续违法驾驶的，道路运输企业应当及时报告公安机关交通管理部门，并在事后解聘驾驶员。<br>动态监控数据应当至少保存6个月，违法驾驶信息及处理情况应当至少保存3年。对存在交通违法信息的驾驶员，道路运输企业在事后应当及时给予处理 |

续上表

| 检查方法 | 检查标准 | 处罚依据及标准 | 检查记录 |
| --- | --- | --- | --- |
| 通过资料审查和现场抽查的方式，抽查企业动态监控值班记录，核查动态监控时间是否覆盖车辆运营时段 | 动态监控时间覆盖车辆运营时段，有交接班记录 | | |
| 1. 通过资料审查和现场抽查的方式，抽查卫星定位系统平台中记录的各类违法违规报警信息的处理记录，核查处理率是否达到90%以上。<br>2. 通过现场抽查的方式，检查动态监控数据和违法违规信息及处理情况保存是否符合要求 | 1. 监控人员实时分析、处理车辆行驶动态信息，及时提醒驾驶员纠正超速行驶、疲劳驾驶等违法行为；驾驶员交通违法处理率应高于90%，并记录存档至动态监控台账。<br>2. 动态监控数据保存至少6个月以上，违法驾驶信息及处理情况应当至少保存3年 | 【部门规章】《道路运输车辆动态监督管理办法》<br>第三十五条　违反本办法的规定，道路运输企业有下列情形之一的，由县级以上道路运输管理机构责令改正。拒不改正的，处1000元以上3000元以下罚款：<br>（二）未建立或者未有效执行交通违法动态信息处理制度、对驾驶员交通违法处理率低于90%的 | |

| 序号 | 检查事项 | 检查内容 | 检查依据 |
| --- | --- | --- | --- |
| 7 | 动态监控重点驾驶员管理 | 对卫星定位系统平台中报警次数多的重点驾驶员的管理情况 | 【部门规章】《道路运输车辆动态监督管理办法》<br>第二十五条　监控人员应当实时分析、处理车辆行驶动态信息,及时提醒驾驶员纠正超速行驶、疲劳驾驶等违法行为,并记录存档至动态监控台账;对经提醒仍然继续违法驾驶的驾驶员,应当及时向企业安全管理机构报告,安全管理机构应当立即采取措施制止;对拒不执行制止措施仍然继续违法驾驶的,道路运输企业应当及时报告公安机关交通管理部门,并在事后解聘驾驶员。<br>动态监控数据应当至少保存 6 个月,违法驾驶信息及处理情况应当至少保存 3 年。对存在交通违法信息的驾驶员,道路运输企业在事后应当及时给予处理 |

续上表

| 检查方法 | 检查标准 | 处罚依据及标准 | 检查记录 |
| --- | --- | --- | --- |
| 通过资料审查和现场抽查的方式,检查企业是否对卫星定位系统平台中违法违规和报警次数多的重点驾驶员进行必要的处置和安全生产教育培训,有相应的处理记录 | 对卫星定位系统平台中违法信息和报警次数排名靠前的重点驾驶员有处置和培训教育措施,并有相应记录 | | |

| 序号 | 检查事项 | 检查内容 | 检查依据 |
| --- | --- | --- | --- |
| 8 | 卫星定位装置故障仍运营 | 卫星定位装置故障未上线仍运营情况 | 【部门规章】《道路运输车辆动态监督管理办法》<br>第二十六条　道路运输经营者应当确保卫星定位装置正常使用,保持车辆运行实时在线。卫星定位装置出现故障不能保持在线的道路运输车辆,道路运输经营者不得安排其从事道路运输经营活动 |
| 9 | 破坏卫星定位装置以及恶意人为干扰、屏蔽卫星定位装置信号 | 破坏卫星定位装置以及恶意人为干扰、屏蔽卫星定位装置信号情况 | 【部门规章】《道路运输车辆动态监督管理办法》<br>第二十七条　任何单位和个人不得破坏卫星定位装置以及恶意人为干扰、屏蔽卫星定位装置信号,不得篡改卫星定位装置数据 |

续上表

| 检查方法 | 检查标准 | 处罚依据及标准 | 检查记录 |
|---|---|---|---|
| 通过资料审查、现场抽查和线上抽查的方式，检查企业正在运营的车辆是否均已上线，是否存在卫星定位装置故障但仍在运营的车辆 | 卫星定位装置出现故障及时报修，并确保其暂停经营活动 | 【部门规章】《道路运输车辆动态监督管理办法》<br>第三十六条　违反本办法的规定，道路运输经营者使用卫星定位装置不能保持在线的运输车辆从事经营活动的，由县级以上道路运输管理机构对其进行教育并责令改正，拒不改正或者改正后再次发生同类违反规定情形的，处 200 元以上 800 元以下罚款 | |
| 通过线上抽查和现场抽查等方式，检查企业或者驾驶员是否存在破坏卫星定位装置以及恶意人为干扰、屏蔽卫星定位装置信号等情形 | 企业或驾押人员不存在破坏卫星定位装置以及恶意人为干扰、屏蔽卫星定位装置信号等行为 | | |

| 序号 | 检查事项 | 检查内容 | 检 查 依 据 |
| --- | --- | --- | --- |
| 10 | 伪造、篡改、删除车辆动态监控数据 | 伪造、篡改、删除车辆动态监控数据情况 | 1.【法律】《中华人民共和国安全生产法》<br>第九十九条　生产经营单位有下列行为之一的，责令限期改正，处五万元以下的罚款；逾期未改正的，处五万元以上二十万元以下的罚款，对其直接负责的主管人员和其他直接责任人员处一万元以上二万元以下的罚款；情节严重的，责令停产停业整顿；构成犯罪的，依照刑法有关规定追究刑事责任：<br>（四）关闭、破坏直接关系生产安全的监控、报警、防护、救生设备、设施，或者篡改、隐瞒、销毁其相关数据、信息的。<br>2.【部门规章】《道路运输车辆动态监督管理办法》<br>第十九条　任何单位、个人不得擅自泄露、删除、篡改卫星定位系统平台的历史和实时动态数据 |

续上表

| 检查方法 | 检查标准 | 处罚依据及标准 | 检查记录 |
|---|---|---|---|
| 通过资料审查、现场核查等方式,检查企业是否存在伪造、篡改、删除车辆动态监控数据等行为 | 企业不存在伪造、篡改、删除车辆动态监控数据等行为 | 1.【法律】《中华人民共和国安全生产法》<br>第九十九条第(四)款　生产经营单位有下列行为之一的,责令限期改正,处五万元以下的罚款;逾期未改正的,处五万元以上二十万元以下的罚款,对其直接负责的主管人员和其他直接责任人员处一万元以上二万元以下的罚款;情节严重的,责令停产停业整顿;构成犯罪的,依照刑法有关规定追究刑事责任:<br>(四)关闭、破坏直接关系生产安全的监控、报警、防护、救生设备、设施,或者篡改、隐瞒、销毁其相关数据、信息的; | |

| 序号 | 检查事项 | 检查内容 | 检 查 依 据 |
|---|---|---|---|
| | | | |

续上表

| 检查方法 | 检查标准 | 处罚依据及标准 | 检查记录 |
| --- | --- | --- | --- |
| | | 2.【部门规章】《道路运输车辆动态监督管理办法》<br>第三十七条　违反本办法的规定，道路运输企业或者提供道路运输车辆动态监控社会化服务的单位伪造、篡改、删除车辆动态监控数据的，由县级以上道路运输管理机构责令改正，处500元以上2000元以下罚款 | |

# 七、应急管理检查事项

| 序号 | 检查事项 | 检查内容 | 检查依据 |
|---|---|---|---|
| 1 | 应急预案 | 应急预案编制情况 | 1.【法律】《中华人民共和国安全生产法》<br>第八十一条　生产经营单位应当制定本单位生产安全事故应急救援预案，与所在地县级以上地方人民政府组织制定的生产安全事故应急救援预案相衔接，并定期组织演练。<br>2.【法律】《中华人民共和国特种设备安全法》<br>第六十九条　……特种设备使用单位应当制定特种设备事故应急专项预案，并定期进行应急演练。<br>3.【行政法规】《生产安全事故应急条例》<br>第五条　……生产经营单位应当针对本单位可能发生的生产安全事故的特点和危害，进行风险辨识和评估，制定相应的生产安全事故应急救援预案，并向本单位从业人员公布。<br>4.【行政法规】《中华人民共和国道路运输条例》 |

| 检查方法 | 检查标准 | 处罚依据及标准 | 检查记录 |
| --- | --- | --- | --- |
| 1. 通过资料审查的方式,检查企业是否按照相关法律法规、《生产经营单位生产安全事故应急预案编制导则》(GB/T 29639—2020)、《危险货物道路运输企业运输事故应急预案编制要求》(JT/T 911)规定制定应急预案。<br>2. 通过资料审查的方式,检查应急预案是否经主要负责人签发,并印发向本单位以及可能受影响的其他单位和地区公开。 | 1. 企业按照规定制定应急预案,预案包括综合应急预案、专项应急预案和现场处置方案。<br>2. 涉及移动式压力容器的,应制定特种设备事故应急专项预案 | 【法律】《中华人民共和国安全生产法》<br>第九十七条 生产经营单位有下列行为之一的,责令限期改正,处十万元以下的罚款;逾期未改正的,责令停产停业整顿,并处十万元以上二十万元以下的罚款,对其直接负责的主管人员和其他直接责任人员处二万元以上五万元以下的罚款:<br>(六)未按照规定制定生产安全事故应急救援预案或者未定期组织演练的 | |

| 序号 | 检查事项 | 检查内容 | 检 查 依 据 |
| --- | --- | --- | --- |
| | | | 第三十一条　客运经营者、货运经营者应当制定有关交通事故、自然灾害以及其他突发事件的道路运输应急预案。应急预案应当包括报告程序、应急指挥、应急车辆和设备的储备以及处置措施等内容。<br>5.【部门规章】《交通运输突发事件应急管理规定》<br>第七条　……交通运输企业应当按照所在地交通运输主管部门制定的交通运输突发事件应急预案，制定本单位交通运输突发事件应急预案。<br>6.【部门规章】《道路危险货物运输管理规定》<br>第四十五条　道路危险货物运输企业或者单位应当加强安全生产管理，制定突发事件应急预案，配备应急救援人员和必要的应急救援器材、设备，并定期组织应急救援演练，严格落实各项安全制度。<br>7.【规范性文件】《突发事件应急预案管理办法》<br>第二十五条　……单位和基层组织应急预案须经本单位或基层组织主要负责人签发，以本单位或基层组织名义印发，审批方式根据所在地人民政府及有关行业管理部门规定和实际情况确定 |

续上表

| 检查方法 | 检查标准 | 处罚依据及标准 | 检查记录 |
| --- | --- | --- | --- |
| 3. 企业若存在特种设备，应检查是否按照规定制定特种设备事故应急专项预案 | | | |

| 序号 | 检查事项 | 检查内容 | 检 查 依 据 |
| --- | --- | --- | --- |
| 2 | 应急预案修订 | 应急预案修订情况 | 【行政法规】《生产安全事故应急条例》<br>第六条　生产安全事故应急救援预案应当符合有关法律、法规、规章和标准的规定,具有科学性、针对性和可操作性,明确规定应急组织体系、职责分工以及应急救援程序和措施。有下列情形之一的,生产安全事故应急救援预案制定单位应当及时修订相关预案:<br>(一)制定预案所依据的法律、法规、规章、标准发生重大变化;<br>(二)应急指挥机构及其职责发生调整;<br>(三)安全生产面临的风险发生重大变化;<br>(四)重要应急资源发生重大变化;<br>(五)在预案演练或者应急救援中发现需要修订预案的重大问题;<br>(六)其他应当修订的情形 |

续上表

| 检查方法 | 检查标准 | 处罚依据及标准 | 检查记录 |
| --- | --- | --- | --- |
| 通过资料审查的方式,检查企业应急预案是否及时修订补充完善,尤其是应急指挥机构等发生调整,所依据的法律、法规、规章、标准发生重大变化时 | 企业根据需求及时修订完善应急预案 | | |

| 序号 | 检查事项 | 检查内容 | 检 查 依 据 |
| --- | --- | --- | --- |
| 3 | 应急预案备案 | 应急预案备案情况 | 1.【行政法规】《生产安全事故应急条例》<br>第七条　县级以上人民政府负有安全生产监督管理职责的部门应当将其制定的生产安全事故应急救援预案报送本级人民政府备案；易燃易爆物品、危险化学品等危险物品的生产、经营、储存、运输单位，矿山、金属冶炼、城市轨道交通运营、建筑施工单位，以及宾馆、商场、娱乐场所、旅游景区等人员密集场所经营单位，应当将其制定的生产安全事故应急救援预案按照国家有关规定报送县级以上人民政府负有安全生产监督管理职责的部门备案，并依法向社会公布。<br>2.【部门规章】《交通运输突发事件应急管理规定》<br>第十一条　……公共交通工具、重点港口和场站的经营单位以及储运易燃易爆物品、危险化学品、放射性物品等危险物品的交通运输企业所制定的应急预案，应当向所属地交通运输主管部门备案 |

续上表

| 检查方法 | 检查标准 | 处罚依据及标准 | 检查记录 |
| --- | --- | --- | --- |
| 通过资料审查的方式，检查企业是否将应急预案向交通运输主管部门备案 | 企业按照规定向交通运输主管部门进行应急预案备案，有应急预案备案证明(回执)等 | 【行政法规】《生产安全事故应急条例》<br>第三十二条　生产经营单位未将生产安全事故应急救援预案报送备案、未建立应急值班制度或者配备应急值班人员的，由县级以上人民政府负有安全生产监督管理职责的部门责令限期改正；逾期未改正的，处3万元以上5万元以下的罚款，对直接负责的主管人员和其他直接责任人员处1万元以上2万元以下的罚款 | |

| 序号 | 检查事项 | 检查内容 | 检 查 依 据 |
| --- | --- | --- | --- |
| 4 | 应急队伍建设 | 企业配备应急队伍或者兼职应急救援人员 | 1.【法律】《中华人民共和国安全生产法》<br>第八十二条　危险物品的生产、经营、储存单位以及矿山、金属冶炼、城市轨道交通运营、建筑施工单位应当建立应急救援组织;生产经营规模较小的,可以不建立应急救援组织,但应当指定兼职的应急救援人员。危险物品的生产、经营、储存、运输单位以及矿山、金属冶炼、城市轨道交通运营、建筑施工单位应当配备必要的应急救援器材、设备和物资,并进行经常性维护、保养,保证正常运转。<br>2.【行政法规】《生产安全事故应急条例》<br>第十条　易燃易爆物品、危险化学品等危险物品的生产、经营、储存、运输单位,矿山、金属冶炼、城市轨道交通运营、建筑施工单位,以及宾馆、商场、娱乐场所、旅游景区等人员密集场所经营单位,应当建立应急救援队伍;其中,小型企业或者微型企业等规模较小的生产经营单位,可以不建立应急救援队伍,但应当指定兼职的应急救援人员,并且可以与邻近的应急救援队伍签订应急救援协议。<br>3.【部门规章】《交通运输突发事件应急管理规定》<br>第十四条　……交通运输企业应当根据实际需要,建立由本单位职工组成的专职或者兼职应急队伍 |

续上表

| 检查方法 | 检查标准 | 处罚依据及标准 | 检查记录 |
| --- | --- | --- | --- |
| 1. 通过资料审查和现场抽查的方式,检查企业是否配备专兼职应急救援人员,在条件允许的情况下,可以与邻近的应急救援队伍签订应急救援协议。<br>2. 通过资料审查和现场抽查的方式,检查企业是否给应急救援人员投保人身意外伤害保险。<br>3. 对照应急救援人员清单,通过座谈和询问的方式,了解应急救援人员是否熟悉自身工作职责 | 1. 企业根据规模大小,配备专兼职应急救援人员,有应急救援人员清单。<br>2. 企业为专兼职应急救援人员购买人身意外伤害保险。<br>3. 抽查的应急救援人员清晰自身工作职责 | | |

| 序号 | 检查事项 | 检查内容 | 检 查 依 据 |
| --- | --- | --- | --- |
| 5 | 应急培训 | 应急救援人员岗前培训且考核合格 | 【行政法规】《生产安全事故应急条例》<br>第十一条　应急救援队伍的应急救援人员应当具备必要的专业知识、技能、身体素质和心理素质。应急救援队伍建立单位或者兼职应急救援人员所在单位应当按照国家有关规定对应急救援人员进行培训;应急救援人员经培训合格后,方可参加应急救援工作。应急救援队伍应当配备必要的应急救援装备和物资,并定期组织训练 |

续上表

| 检查方法 | 检查标准 | 处罚依据及标准 | 检查记录 |
| --- | --- | --- | --- |
| 1. 通过资料审查和现场抽查的方式，检查企业是否对应急救援人员进行岗前培训，且考核合格上岗。<br>2. 通过现场抽查的方式，随机抽查应急救援人员是否能够熟练操作应急救援器材 | 1. 企业对应急救援人员进行岗前培训，且考核合格后上岗，有相应考核记录。<br>2. 应急救援人员能够熟练掌握常见的应急救援器材，如灭火器、防毒面具等 | | |

| 序号 | 检查事项 | 检查内容 | 检查依据 |
| --- | --- | --- | --- |
| 6 | 应急救援器材配备和维护保养 | 1. 配备必要的应急救援器材、设备和物资。<br>2. 对器材进行维护、保养，保证正常运转 | 1.【法律】《中华人民共和国安全生产法》<br>第八十二条　危险物品的生产、经营、储存、运输单位以及矿山、金属冶炼、城市轨道交通运营、建筑施工单位应当配备必要的应急救援器材、设备和物资，并进行经常性维护、保养，保证正常运转。<br>2.【行政法规】《生产安全事故应急条例》<br>第十一条　应急救援队伍的应急救援人员应当具备必要的专业知识、技能、身体素质和心理素质。应急救援队伍建立单位或者兼职应急救援人员所在单位，应当按照国家有关规定对应急救援人员进行培训；应急救援人员经培训合格后，方可参加应急救援工作。应急救援队伍应当配备必要的应急救援装备和物资，并定期组织训练。<br>第十三条　……易燃易爆物品、危险化学品等危险物品的生产、经营、储存、运输单位，矿山、金属冶炼、城市轨道交通运营、建筑施工单位，以及宾馆、商场、娱乐场所、旅游景区等人员密集场所经营单位，应当根据本单位可能发生的生产安全事故的特点和危害，配备必要的灭火、排水、通风以及危险物品稀释、掩埋、收集等应急救援器材、设备和物资，并进行经常性维护、保养，保证正常运转。 |

续上表

| 检查方法 | 检查标准 | 处罚依据及标准 | 检查记录 |
|---|---|---|---|
| 1. 通过资料审查和现场抽查的方式,检查企业是否根据本单位可能发生的事故特点和危害,配备必要的灭火、排水、通风及危险物品稀释、掩埋、收集等应急救援器材、设备和物资。<br>2. 通过资料审查和现场抽查的方式,检查企业是否定期对应急救援器材进行维护、保养,确保其正常使用,有维护记录 | 1. 企业根据本单位可能发生的事故特点和危害,配备必要的灭火、排水、通风及危险物品稀释、掩埋、收集等应急救援器材、设备和物资。车辆配备的应急救援器材参见四、车辆、设施、设备检查事项。<br>2. 企业定期进行维护、保养、检测应急物资设备,保证正常运转,有相应的维护记录 | 1.【行政法规】《危险化学品安全管理条例》<br>第八十六条　有下列情形之一的,由交通部门责令改正,处5万元以上10万元以下的罚款;拒不改正的,责令停产停业整顿;构成犯罪的,依法追究刑事责任:<br>(二)运输危险化学品,未根据危险化学品的危险特性采取相应的安全防护措施,或者未配备必要的防护用品和应急救援器材的。<br>2.【部门规章】《道路危险货物运输管理规定》<br>第五十八条　违反本规定,道路危险货物运输企业或者单位以及托运人有下列情形之一的,由交通运输主管部门责令改正,并处5万元以上10万元以下的罚款,拒不改正的,责令停产停业整顿;构成犯罪的,依法追究刑事责任: | |

| 序号 | 检查事项 | 检查内容 | 检 查 依 据 |
| --- | --- | --- | --- |
| | | | 3.【部门规章】《道路危险货物运输管理规定》<br>第四十五条　道路危险货物运输企业或者单位应当加强安全生产管理，制定突发事件应急预案，配备应急救援人员和必要的应急救援器材、设备，并定期组织应急救援演练，严格落实各项安全制度。<br>4.【部门规章】《交通运输突发事件应急管理规定》<br>第十三条　交通运输主管部门、交通运输企业应当按照有关规划和应急预案的要求，根据应急工作的实际需要，建立健全应急装备和应急物资储备、维护、管理和调拨制度，储备必需的应急物资和运力，配备必要的专用应急指挥交通工具和应急通信装备，并确保应急物资装备处于正常使用状态 |

续上表

| 检查方法 | 检查标准 | 处罚依据及标准 | 检查记录 |
| --- | --- | --- | --- |
| | | (三)未根据危险化学品的危险特性采取相应的安全防护措施,或者未配备必要的防护用品和应急救援器材的。<br>3.【法律】《中华人民共和国突发事件应对法》<br>第六十四条　有关单位有下列情形之一的,由所在地履行统一领导职责的人民政府责令停产停业,暂扣或者吊销许可证或者营业执照,并处五万元以上二十万元以下的罚款;构成违反治安管理行为的,由公安机关依法给予处罚:<br>(三)未做好应急设备、设施日常维护、检测工作,导致发生严重突发事件或者突发事件危害扩大的。 | |

| 序号 | 检查事项 | 检查内容 | 检 查 依 据 |
| --- | --- | --- | --- |
| | | | |

续上表

| 检查方法 | 检查标准 | 处罚依据及标准 | 检查记录 |
| --- | --- | --- | --- |
| | | 4.【行政法规】《生产安全事故应急条例》<br>第三十一条　生产经营单位未对应急救援器材、设备和物资进行经常性维护、保养，导致发生严重生产安全事故或者生产安全事故危害扩大，或者在本单位发生生产安全事故后未立即采取相应的应急救援措施，造成严重后果的，由县级以上人民政府负有安全生产监督管理职责的部门依照《中华人民共和国突发事件应对法》有关规定追究法律责任 | |

| 序号 | 检查事项 | 检查内容 | 检 查 依 据 |
| --- | --- | --- | --- |
| 7 | 应急演练与评估 | 应急预案演练与评估情况 | 1.【行政法规】《生产安全事故应急条例》<br>第八条 ……易燃易爆物品、危险化学品等危险物品的生产、经营、储存、运输单位,矿山、金属冶炼、城市轨道交通运营、建筑施工单位,以及宾馆、商场、娱乐场所、旅游景区等人员密集场所经营单位,应当至少每半年组织1次生产安全事故应急救援预案演练,并将演练情况报送所在地县级以上地方人民政府负有安全生产监督管理职责的部门。<br>2.【部门规章】《交通运输突发事件应急管理规定》<br>第二十一条 交通运输主管部门、交通运输企业应当根据本地区、本单位交通运输突发事件的类型和特点,制订应急演练计划,定期组织开展交通运输突发事件应急演练。<br>3.【部门规章】《道路危险货物运输管理规定》<br>第四十五条 道路危险货物运输企业或者单位应当加强安全生产管理,制定突发事件应急预案,配备应急救援人员和必要的应急救援器材、设备,并定期组织应急救援演练,严格落实各项安全制度。 |

续上表

| 检查方法 | 检查标准 | 处罚依据及标准 | 检查记录 |
| --- | --- | --- | --- |
| 1. 通过资料审查的方式,检查企业是否制定应急演练计划。<br>2. 通过资料审查、现场抽查、座谈和询问等方式,检查企业是否定期开展应急演练,演练频次是否符合要求。<br>3. 通过资料审查等方式,检查是否开展应急演练评估 | 1. 企业制定应急演练计划。<br>2. 企业按照计划定期开展应急演练,有应急预案演练记录,且至少每半年组织1次应急演练。<br>3. 企业开展应急演练评估报告,内容包括:演练的执行情况,应急预案的实用性和可操作性,指挥协调和应急联动机制运行情况,应急人员的处置情况,演练所用设备装备的适用性,对完善应急预案、应急准备、应急机制、应急措施等方面的意见和建议等 | 【法律】《中华人民共和国安全生产法》<br>第九十七条　生产经营单位有下列行为之一的,责令限期改正,处十万元以下的罚款;逾期未改正的,责令停产停业整顿,并处十万元以上二十万元以下的罚款,对其直接负责的主管人员和其他直接责任人员处二万元以上五万元以下的罚款:<br>(六)未按照规定制定生产安全事故应急救援预案或者未定期组织演练的 | |

| 序号 | 检查事项 | 检查内容 | 检 查 依 据 |
| --- | --- | --- | --- |
| | | | 4.【规范性文件】《突发事件应急预案管理办法》<br>第三十三条　应急预案演练组织单位应当加强演练评估，主要内容包括：演练的执行情况，应急预案的实用性和可操作性，指挥协调和应急联动机制运行情况，应急人员的处置情况，演练所用设备装备的适用性，对完善应急预案、应急准备、应急机制、应急措施等方面的意见和建议等 |

续上表

| 检查方法 | 检查标准 | 处罚依据及标准 | 检查记录 |
|---|---|---|---|
| | | | |

| 序号 | 检查事项 | 检查内容 | 检 查 依 据 |
| --- | --- | --- | --- |
| 8 | 应急值班制度和应急值班人员 | 1. 制定应急值班制度。<br>2. 配备应急值班人员，按照规定值班 | 【行政法规】《生产安全事故应急条例》<br>第十四条　下列单位应当建立应急值班制度，配备应急值班人员：<br>（一）县级以上人民政府及其负有安全生产监督管理职责的部门；<br>（二）危险物品的生产、经营、储存、运输单位以及矿山、金属冶炼、城市轨道交通运营、建筑施工单位；<br>（三）应急救援队伍。规模较大、危险性较高的易燃易爆物品、危险化学品等危险物品的生产、经营、储存、运输单位应当成立应急处置技术组，实行 24 小时应急值班 |

续上表

| 检 查 方 法 | 检 查 标 准 | 处罚依据及标准 | 检查记录 |
| --- | --- | --- | --- |
| 1. 通过资料审查的方式，检查企业是否建立应急值班制度。<br>2. 通过资料审查和现场询问的方式，检查企业是否配备应急值班人员，有相应的值班记录；规模较大、危险性较高的易燃易爆物品、危险化学品等危险物品运输单位应当成立应急处置技术组，实行 24 小时应急值班 | 1. 企业制定应急值班制度。<br>2. 企业配备应急值班人员，有相应的值班记录 | 【行政法规】《生产安全事故应急条例》<br>第三十二条　生产经营单位未将生产安全事故应急救援预案报送备案、未建立应急值班制度或者配备应急值班人员的，由县级以上人民政府负有安全生产监督管理职责的部门责令限期改正；逾期未改正的，处 3 万元以上 5 万元以下的罚款，对直接负责的主管人员和其他直接责任人员处 1 万元以上 2 万元以下的罚款 | |

# 八、风险分级管控与隐患排查治理双重预防体系

| 序号 | 检查事项 | 检查内容 | 检查依据 |
|---|---|---|---|
| 1 | 安全风险分级管控制度 | 安全风险分级管控制度建立 | 【法律】《中华人民共和国安全生产法》<br>第二十一条　生产经营单位的主要负责人对本单位安全生产工作负有下列职责：<br>（五）组织建立并落实安全风险分级管控和隐患排查治理双重预防工作机制，督促、检查本单位的安全生产工作，及时消除生产安全事故隐患。<br>第四十一条　生产经营单位应当建立安全风险分级管控制度，按照安全风险分级采取相应的管控措施 |

## 检查事项

| 检查方法 | 检查标准 | 处罚依据及标准 | 检查记录 |
|---|---|---|---|
| 通过资料审查的方式，检查企业是否建立安全风险分级管控制度 | 1. 企业编制安全风险分级管控制度，内容符合JT/T 912的相关要求。<br>2. 企业对从业人员开展安全风险分级管控制度相关培训和教育，有培训记录 | 【法律】《中华人民共和国安全生产法》<br>第九十四条　生产经营单位的主要负责人未履行本法规定的安全生产管理职责的，责令限期改正，处二万元以上五万元以下的罚款；逾期未改正的，处五万元以上十万元以下的罚款，责令生产经营单位停产停业整顿。 | |

| 序号 | 检查事项 | 检查内容 | 检 查 依 据 |
| --- | --- | --- | --- |
| | | | |

续上表

| 检 查 方 法 | 检 查 标 准 | 处罚依据及标准 | 检查记录 |
| --- | --- | --- | --- |
| | | 第一百零一条　生产经营单位有下列行为之一的,责令限期改正,处十万元以下的罚款;逾期未改正的,责令停产停业整顿,并处十万元以上二十万元以下的罚款,对其直接负责的主管人员和其他直接责任人员处二万元以上五万元以下的罚款;构成犯罪的,依照刑法有关规定追究刑事责任:<br>(四)未建立安全风险分级管控制度或者未按照安全风险分级采取相应管控措施的 | |

| 序号 | 检查事项 | 检查内容 | 检 查 依 据 |
| --- | --- | --- | --- |
| 2 | 风险辨识 | 风险辨识情况 | 1.【规范性文件】《公路水路行业安全生产风险管理暂行办法》<br>第十一条　生产经营单位应针对本单位生产经营活动范围及其生产经营环节,按照相关法规标准要求,编制风险辨识手册,明确风险辨识范围、方式和程序。<br>第十四条　全面辨识应每年不少于1次,专项辨识应在生产经营环节或其要素发生重大变化或管理部门有特殊要求时及时开展。安全生产风险辨识结束后应形成风险清单。<br>2.【规范性文件】《公路水路行业安全生产风险辨识评估管控基本规范(试行)》 |

续上表

| 检查方法 | 检查标准 | 处罚依据及标准 | 检查记录 |
|---|---|---|---|
| 1. 通过资料审查的方式，检查企业是否根据本单位生产经营活动范围及其生产经营环节，编制风险辨识手册。<br>2. 通过资料审查的方式，检查企业是否进行全面辨识和专项辨识，并形成风险清单。全面辨识应每年不少于1次 | 1. 企业编制风险辨识手册，明确风险辨识范围、划分作业单元、确定风险事件、分析致险因素。<br>2. 企业定期开展全面辨识和专项辨识，并形成风险清单（若存在重大风险，编制重大风险清单）。全面辨识应每年不少于1次 | | |

| 序号 | 检查事项 | 检查内容 | 检 查 依 据 |
| --- | --- | --- | --- |
| 3 | 风险分级管控 | 风险分级管控情况 | 1.【法律】《中华人民共和国安全生产法》<br>第二十一条　生产经营单位的主要负责人对本单位安全生产工作负有下列职责:<br>(五)组织建立并落实安全风险分级管控和隐患排查治理双重预防工作机制,督促、检查本单位的安全生产工作,及时消除生产安全事故隐患。<br>第四十一条　生产经营单位应当建立安全风险分级管控制度,按照安全风险分级采取相应的管控措施。<br>2.【规范性文件】《公路水路行业安全生产风险管理暂行办法》<br>第十五条　生产经营单位应依据风险等级判定指南,对风险清单中所列风险进行逐项评估,确定风险等级以及主要致险因素和控制范围。<br>第十七条　生产经营单位应依据风险的等级、性质等因素,科学制定管控措施。<br>第二十四条　生产经营单位应如实记录风险辨识、评估、监测、管控等工作,并规范管理档案。重大风险应单独建立清单和专项档案 |

续上表

| 检查方法 | 检查标准 | 处罚依据及标准 | 检查记录 |
| --- | --- | --- | --- |
| 1.通过资料审查的方式,检查企业是否对风险清单所列风险进行等级划分,并确定主要致险因素、控制范围和管控措施。<br>2.通过资料审查和现场检查的方式,对照风险清单以及风险管控措施清单,检查企业是否落实风险分级管控措施。<br>3.通过资料审查的方式,检查企业是否建立风险辨识、评估、监测、管控等工作的记录档案 | 1.企业对风险清单所列风险进行等级划分,并确定主要致险因素、控制范围和管控措施。<br>2.企业对照风险清单和管控措施清单,落实风险分级管控措施。<br>3.企业建立风险辨识、评估、监测、管控等工作的记录档案 | 【法律】《中华人民共和国安全生产法》<br>第九十四条　生产经营单位的主要负责人未履行本法规定的安全生产管理职责的,责令限期改正,处二万元以上五万元以下的罚款;逾期未改正的,处五万元以上十万元以下的罚款,责令生产经营单位停产停业整顿。 | |

| 序号 | 检查事项 | 检查内容 | 检 查 依 据 |
|---|---|---|---|
| | | | |

续上表

| 检 查 方 法 | 检 查 标 准 | 处罚依据及标准 | 检查记录 |
| --- | --- | --- | --- |
| | | 第一百零一条　生产经营单位有下列行为之一的,责令限期改正,处十万元以下的罚款;逾期未改正的,责令停产停业整顿,并处十万元以上二十万元以下的罚款,对其直接负责的主管人员和其他直接责任人员处二万元以上五万元以下的罚款;构成犯罪的,依照刑法有关规定追究刑事责任:<br>(四)未建立安全风险分级管控制度或者未按照安全风险分级采取相应管控措施的 | |

| 序号 | 检查事项 | 检查内容 | 检 查 依 据 |
| --- | --- | --- | --- |
| 4 | 安全风险告知警示 | | 1.【规范性文件】国务院安委会办公室关于实施遏制重特大事故工作指南构建双重预防机制的意见<br>(四)实施安全风险公告警示。企业要建立完善安全风险公告制度,并加强风险教育和技能培训,确保管理层和每名员工都掌握安全风险的基本情况及防范、应急措施。要在醒目位置和重点区域分别设置安全风险公告栏,制作岗位安全风险告知卡,标明主要安全风险、可能引发事故隐患类别、事故后果、管控措施、应急措施及报告方式等内容。对存在重大安全风险的工作场所和岗位,要设置明显警示标志,并强化危险源监测和预警。<br>2.【规范性文件】《公路水路行业安全生产风险管理暂行办法》<br>第二十条　生产经营单位应当将风险基本情况、应急措施等信息通过安全手册、公告提醒、标识牌、讲解宣传等方式告知本单位从业人员和进入风险工作区域的外来人员,指导、督促做好安全防范 |

续上表

| 检查方法 | 检查标准 | 处罚依据及标准 | 检查记录 |
| --- | --- | --- | --- |
| 1. 通过资料审查的方式,检查企业是否建立安全风险告知制度,或者在安全风险分级管控制度中明确风险告知相关内容。<br>2. 通过现场检查方式,查看企业是否在醒目位置和重点区域分别设置安全风险公告栏,制作岗位安全风险告知卡。<br>3. 通过资料审查和现场检查的方式,检查企业是否将风险基本情况、应急措施等信息通过安全手册、公告提醒、标识牌、讲解宣传等方式告知从业人员和进入风险工作区域的外来人员 | 1. 企业建立安全风险告知制度,或者在安全风险分级管控制度中明确风险告知相关内容。<br>2. 企业在醒目位置和重点区域设置安全风险公告栏和岗位安全风险告知卡。<br>3. 企业通过适当方式向从业人员(包括进入风险工作区域的外来人员)告知风险情况、应急措施等信息 | | |

| 序号 | 检查事项 | 检查内容 | 检 查 依 据 |
| --- | --- | --- | --- |
| 5 | 重大风险管控（如有） | 1. 重大风险清单。<br>2. 重大风险专项档案。<br>3. 重大风险告知和警示 | 1.【法律】《中华人民共和国安全生产法》<br>第四十一条　生产经营单位应当建立安全风险分级管控制度，按照安全风险分级采取相应的管控措施。<br>2.【规范性文件】《公路水路行业安全生产风险管理暂行办法》<br>第二十六条　生产经营单位应按下列要求加强重大风险管控：<br>（一）对重大风险制定动态监测计划，定期更新监测数据或状态，每月不少于1次，并单独建档；<br>（二）重大风险应单独编制专项应急措施；<br>（三）重大风险确定后按年度组织专业技术人员对风险管控措施进行评估改进，年度评估报告应在次年1个月内通过交通运输安全生产风险管理系统向属地负有安全生产监督管理职责的交通运输管理部门报送。<br>第二十八条　生产经营单位应当在重大风险所在场所设置明显的安全警示标志，标明重大风险危险特性、可能发生的事件后果、安全防范和应急措施。 |

续上表

| 检查方法 | 检查标准 | 处罚依据及标准 | 检查记录 |
| --- | --- | --- | --- |
| 1. 通过资料审查和现场检查的方式,检查企业是否建立重大风险清单,核查企业现场是否存在重大风险。<br>2. 通过资料审查和现场抽查的方式,检查企业是否制定重大风险专项档案,包括重大风险动态监测计划、重大风险专项管控方案和专项应急措施,并建立重大风险基础信息清单、责任分工清单、防控措施清单、监测监控清单和应急处置清单。 | 1. 若存在重大风险,按照要求制定重大风险动态监测计划、重大风险专项管控方案和专项应急措施,并进行相应培训教育。<br>2. 企业按照重大风险基础信息清单、责任分工清单、防控措施清单、监测监控清单和应急处置清单,分类分级分岗位落实,并开展动态监测。<br>3. 在重大风险所在场所设置明显的安全警示标志,标明重大风险危险特性、可能发生的事件后果、安全防范和应急措施 | 【法律】《中华人民共和国安全生产法》<br>第九十四条　生产经营单位的主要负责人未履行本法规定的安全生产管理职责的,责令限期改正,处二万元以上五万元以下的罚款;逾期未改正的,处五万元以上十万元以下的罚款,责令生产经营单位停产停业整顿。<br>第一百零一条　生产经营单位有下列行为之一的,责令限期改正,处十万元以下的罚款;逾期未改正的,责令停产停业整顿,并处十万元以上二十万元以下的罚款,对其直接负责的主管人员和其他直接责任人员处二万元以上五万元以下的罚款;构成犯罪的,依照刑法有关规定追究刑事责任: | |

| 序号 | 检查事项 | 检查内容 | 检 查 依 据 |
| --- | --- | --- | --- |
| | | | 3.【规范性文件】交通运输部关于深化防范化解安全生产重大风险工作的意见<br>……(二)建立“五个清单”。要因地制宜逐级摸排评估,进一步深化细化实化重大风险清单及管控措施,准确掌握重大风险具体单位、企业和部位,加快建立各级重大风险基础信息清单、责任分工清单、防控措施清单、监测监控清单和应急处置清单等五个清单 |

续上表

| 检查方法 | 检查标准 | 处罚依据及标准 | 检查记录 |
| --- | --- | --- | --- |
| 3. 通过现场抽查的方式，查看企业是否在重大风险所在场所设置明显的安全警示标志，标明重大风险危险特性、可能发生的事件后果、安全防范和应急措施 | | （四）未建立安全风险分级管控制度或者未按照安全风险分级采取相应管控措施的 | |

| 序号 | 检查事项 | 检查内容 | 检 查 依 据 |
| --- | --- | --- | --- |
| 6 | 生产安全事故隐患排查治理制度 | 生产安全事故隐患排查治理制度建立 | 1.【法律】《中华人民共和国安全生产法》<br>第二十一条　生产经营单位的主要负责人对本单位安全生产工作负有下列职责：<br>（五）组织建立并落实安全风险分级管控和隐患排查治理双重预防工作机制，督促、检查本单位的安全生产工作，及时消除生产安全事故隐患。<br>第四十一条　……生产经营单位应当建立健全并落实生产安全事故隐患排查治理制度，采取技术、管理措施，及时发现并消除事故隐患。<br>2.【规范性文件】《公路水路行业安全生产事故隐患治理暂行办法》<br>第九条　生产经营单位应当建立健全隐患排查、告知（预警）、整改、评估验收、报备、奖惩考核、建档等制度，逐级明确隐患治理责任，落实到具体岗位和人员 |

续上表

| 检查方法 | 检查标准 | 处罚依据及标准 | 检查记录 |
| --- | --- | --- | --- |
| 通过资料审查的方式,检查企业是否制定了生产安全事故隐患排查治理制度 | 1. 企业编制生产安全事故隐患排查治理制度,内容符合 JT/T 912 的相关要求。<br>2. 企业对从业人员开展事故隐患排查治理制度相关培训和教育,有培训记录 | 【法律】《中华人民共和国安全生产法》<br>第一百零一条 生产经营单位有下列行为之一的,责令限期改正,处十万元以下的罚款;逾期未改正的,责令停产停业整顿,并处十万元以上二十万元以下的罚款,对其直接负责的主管人员和其他直接责任人员处二万元以上五万元以下的罚款;构成犯罪的,依照刑法有关规定追究刑事责任:<br>未建立事故隐患排查治理制度,或者重大事故隐患排查治理情况未按照规定报告的 | |

| 序号 | 检查事项 | 检查内容 | 检 查 依 据 |
| --- | --- | --- | --- |
| 7 | 隐患排查 | 隐患排查开展情况 | 1.【法律】《中华人民共和国安全生产法》<br>第二十一条　生产经营单位的主要负责人对本单位安全生产工作负有下列职责:<br>(五)组织建立并落实安全风险分级管控和隐患排查治理双重预防工作机制,督促、检查本单位的安全生产工作,及时消除生产安全事故隐患。<br>第四十一条　……生产经营单位应当建立健全并落实生产安全事故隐患排查治理制度,采取技术、管理措施,及时发现并消除事故隐患。<br>第四十六条　生产经营单位的安全生产管理人员应当根据本单位的生产经营特点,对安全生产状况进行经常性检查;对检查中发现的安全问题,应当立即处理;不能处理的,应当及时报告本单位有关负责人,有关负责人应当及时处理。检查及处理情况应当如实记录在案。<br>2.【规范性文件】国务院安委会办公室关于实施遏制重特大事故工作指南构建双重预防机制的意见 |

续上表

| 检查方法 | 检查标准 | 处罚依据及标准 | 检查记录 |
| --- | --- | --- | --- |
| 1. 通过资料审查的方式,检查企业是否按照隐患分级判定指南,确定隐患等级,制定符合企业实际的隐患排查治理清单。<br>2. 通过资料审查的方式,检查企业是否定期开展隐患排查,类型包括日常排查、定期排查和专项排查等。排查周期符合企业生产安全事故隐患排查治理制度中的要求 | 1. 企业制定符合实际的隐患排查治理清单,明确和细化隐患排查的事项、内容和频次。若存在重大事故隐患,则单独制定重大事故隐患清单。<br>2. 企业对照隐患排查清单和责任人,定期开展隐患排查,排查周期和内容符合企业的生产安全事故隐患排查治理制度中的要求。其中日常排查每周应不少于1次,定期排查每半年应不少于1次。 | 【法律】《中华人民共和国安全生产法》<br>第九十四条　生产经营单位的主要负责人未履行本法规定的安全生产管理职责的,责令限期改正;逾期未改正的,处二万元以上五万元以下的罚款,责令生产经营单位停产停业整顿 | |

| 序号 | 检查事项 | 检查内容 | 检查依据 |
| --- | --- | --- | --- |
| | | | （五）建立完善隐患排查治理体系。风险管控措施失效或弱化极易形成隐患，酿成事故。企业要建立完善隐患排查治理制度，制定符合企业实际的隐患排查治理清单，明确和细化隐患排查的事项、内容和频次，并将责任逐一分解落实，推动全员参与自主排查隐患，尤其要强化对存在重大风险的场所、环节、部位的隐患排查。<br>3.【规范性文件】《公路水路行业安全生产事故隐患治理暂行办法》<br>第十一条　生产经营单位应当建立隐患日常排查、定期排查和专项排查工作机制，明确隐患排查的责任部门和人员、排查范围、程序、频次、统计分析、效果评价和评估改进等要求，及时发现并消除隐患。<br>第十二条　隐患日常排查是生产经营单位结合日常工作组织开展的经常性隐患排查，排查范围应覆盖日常生产作业环节，日常排查每周应不少于1次。<br>第十四条　隐患定期排查是由生产经营单位根据生产经营活动特点，组织开展涵盖全部交通运输生产经营领域、环节的隐患排查。定期排查每半年应不少于1次。 |

续上表

| 检查方法 | 检查标准 | 处罚依据及标准 | 检查记录 |
| --- | --- | --- | --- |
| | 3. 若存在重大事故隐患,企业主要负责人应每月带队对本单位重大事故隐患排除整治情况至少开展1次检查,有检查记录 | | |

| 序号 | 检查事项 | 检查内容 | 检 查 依 据 |
| --- | --- | --- | --- |
| | | | 第十八条　生产经营单位对发现或排查出的隐患，应当按照隐患分级判定指南，确定隐患等级，形成隐患清单。<br>4.【规范性文件】《国务院安全生产委员会关于〈安全生产治本攻坚三年行动方案（2024—2026）〉的通知》<br>健全完善生产经营单位重大事故隐患自查自改常态化机制，生产经营单位主要负责人要每季度带队对本单位重大事故隐患排除整治情况至少开展 1 次检查（高危行业领域每月至少 1 次），完善并落实生产经营单位全员安全生产岗位责任制 |

续上表

| 检 查 方 法 | 检 查 标 准 | 处罚依据及标准 | 检查记录 |
| --- | --- | --- | --- |
| | | | |

| 序号 | 检查事项 | 检查内容 | 检 查 依 据 |
| --- | --- | --- | --- |
| 8 | 隐患治理闭环管理 | 隐患治理闭环管理情况 | 1.【法律】《中华人民共和国安全生产法》<br>第二十一条　生产经营单位的主要负责人对本单位安全生产工作负有下列职责：<br>（五）组织建立并落实安全风险分级管控和隐患排查治理双重预防工作机制，督促、检查本单位的安全生产工作，及时消除生产安全事故隐患。<br>第四十一条　……生产经营单位应当建立健全并落实生产安全事故隐患排查治理制度，采取技术、管理措施，及时发现并消除事故隐患。<br>第四十六条　……对检查中发现的安全问题，应当立即处理；不能处理的，应当及时报告本单位有关负责人，有关负责人应当及时处理。检查及处理情况应当如实记录在案。生产经营单位的安全生产管理人员在检查中发现重大事故隐患，依照前款规定向本单位有关负责人报告，有关负责人不及时处理的，安全生产管理人员可以向主管的负有安全生产监督管理职责的部门报告，接到报告的部门应当依法及时处理。 |

续上表

| 检查方法 | 检查标准 | 处罚依据及标准 | 检查记录 |
| --- | --- | --- | --- |
| 1. 通过资料审查的方式，对照隐患清单和重大事故隐患清单，检查企业是否对排查出的隐患进行限期整改，并确保整改措施到位，组织人员验收。<br>2. 通过资料审查和现场核查的方式，检查企业是否如实记录隐患整改落实情况，并向从业人员通报 | 1. 企业对排查出的隐患及时整改，并按照级别组织人员验收，有验收记录。<br>2. 企业如实记录隐患整改落实情况，并向从业人员通报隐患及其整改落实情况 | 【法律】《中华人民共和国安全生产法》<br>第一百零二条　生产经营单位未采取措施消除事故隐患的，责令立即消除或者限期消除处五万元以下的罚款；生产经营单位拒不执行的，责令停产停业整顿，对其直接负责的主管人员和其他直接责任人员处五万元以上十万元以下的罚款。<br>第九十七条　生产经营单位有下列行为之一的，责令限期改正，处十万元以下的罚款；逾期未改正的，责令停产停业整顿，并处十万元以上二十万元以下的罚款，对其直接负责的主管人员和其他直接责任人员处二万元以上五万元以下的罚款： | |

| 序号 | 检查事项 | 检查内容 | 检查依据 |
| --- | --- | --- | --- |
| | | | 2.【规范性文件】《公路水路行业安全生产事故隐患治理暂行办法》<br>第十九条　生产经营单位应对排查出的隐患立即组织整改,隐患整改情况应当依法如实记录,并向从业人员通报。<br>3.【规范性文件】国务院安委会办公室关于实施遏制重特大事故工作指南构建双重预防机制的意见<br>(五)建立完善隐患排查治理体系。……对于排查发现的重大事故隐患,应当在向负有安全生产监督管理职责的部门报告的同时,制定并实施严格的隐患治理方案,做到责任、措施、资金、时限和预案"五落实",实现隐患排查治理的闭环管理。事故隐患整治过程中无法保证安全的,应停产停业或者停止使用相关设施设备,及时撤出相关作业人员,必要时向当地人民政府提出申请,配合疏散可能受到影响的周边人员 |

续上表

| 检 查 方 法 | 检 查 标 准 | 处罚依据及标准 | 检查记录 |
| --- | --- | --- | --- |
| | | （五）未将事故隐患排查治理情况如实记录或者未向从业人员通报的 | |

| 序号 | 检查事项 | 检查内容 | 检查依据 |
| --- | --- | --- | --- |
| 9 | 重大隐患报备（如有） | 重大隐患排查、管控、整改、验收和报备情况 | 1.【法律】《中华人民共和国安全生产法》<br>第四十六条 ……生产经营单位的安全生产管理人员在检查中发现重大事故隐患，依照前款规定向本单位有关负责人报告，有关负责人不及时处理的，安全生产管理人员可以向主管的负有安全生产监督管理职责的部门报告，接到报告的部门应当依法及时处理。<br>2.【规范性文件】《公路水路行业安全生产隐患治理暂行办法》<br>第二十二条 重大隐患整改应制定专项方案，包括以下内容：<br>（一）整改的目标和任务；<br>（二）整改技术方案和整改期的安全保障措施；<br>（三）经费和物资保障措施；<br>（四）整改责任部门和人员；<br>（五）整改时限及节点要求；<br>（六）应急处置措施；<br>（七）跟踪督办及验收部门和人员。 |

续上表

| 检查方法 | 检查标准 | 处罚依据及标准 | 检查记录 |
| --- | --- | --- | --- |
| 1. 通过资料审查和现场核查的方式，核查企业是否存在重大隐患。<br>2. 通过资料审查的方式，对照重大事故隐患清单，检查企业是否建立专项整改方案，并按照责任、措施、资金、时限和预案“五落实”原则确保整改措施到位。<br>3. 通过资料审查的方式，检查企业是否对重大事故隐患整改情况进行专项验收，有验收记录和验收结论。 | 1. 根据《道路运输企业和城市客运企业安全生产重大事故隐患判定标准（试行）》（交办运〔2023〕52 号）等文件和标准，对排查出的隐患进行分级，识别重大事故隐患，建立重大事故隐患清单。<br>2. 若存在重大隐患，企业应当按照要求建立重大隐患专项整改方案，落实整改和管控措施，确保整改到位。 | 【法律】《中华人民共和国安全生产法》<br>第一百零一条　生产经营单位有下列行为之一的，责令限期改正，处十万元以下的罚款；逾期未改正的，责令停产停业整顿，并处十万元以上二十万元以下的罚款，对其直接负责的主管人员和其他直接责任人员处二万元以上五万元以下的罚款；构成犯罪的，依照刑法有关规定追究刑事责任：<br>（五）未建立事故隐患排查治理制度，或者重大事故隐患排查治理情况未按照规定报告的 | |

| 序号 | 检查事项 | 检查内容 | 检 查 依 据 |
| --- | --- | --- | --- |
| | | | 第二十三条　重大隐患整改完成后，生产经营单位应委托第三方服务机构或成立隐患整改验收组进行专项验收。生产经营单位成立的隐患整改验收组成员应包括生产经营单位负责人、安全管理部门负责人、相关业务部门负责人和2名以上相关专业领域具有一定从业经历的专业技术人员。整改验收应根据隐患暴露出的问题，全面评估，出具整改验收结论，并由组长签字确认。<br>第二十四条　重大隐患整改验收通过的，生产经营单位应将验收结论向属地负有安全生产监督管理职责的交通运输管理部门报备，并申请销号。报备申请材料包括：<br>(一)重大隐患基本情况及整改方案；<br>(二)重大隐患整改过程；<br>(三)验收机构或验收组基本情况；<br>(四)验收报告及结论；<br>(五)下一步改进措施。<br>第二十五条　重大隐患整改验收完成后，生产经营单位应对隐患形成原因及整改工作进行分析评估，及时完善相关制度和措施，依据有关规定和制度对相关责任人进行处理，并开展有针对性的培训教育。 |

续上表

| 检查方法 | 检查标准 | 处罚依据及标准 | 检查记录 |
|---|---|---|---|
| 4. 通过资料审查的方式，检查企业是否将重大事故隐患整改验收结论向属地负有安全生产监督管理职责的交通运输管理部门报备，申请销号。<br>5. 通过资料审查，现场抽查和座谈询问等方式，检查重大隐患整改验收完成后是否对隐患形成原因及整改工作进行分析评估，及时完善相关制度和措施，依据有关规定和制度对相关责任人进行处理，并开展有针对性的培训教育 | 3. 企业委托第三方服务机构或成立隐患整改验收组进行重大隐患整改专项验收，有验收结论和记录，且由验收组组长签字确认。<br>4. 企业编制重大隐患整改验收报备申请材料，向管理部门进行报备，申请销号。<br>5. 企业对相关责任人进行处理，并开展针对性培训教育 | | |

| 序号 | 检查事项 | 检查内容 | 检 查 依 据 |
| --- | --- | --- | --- |
| | | | 3.【规范性文件】《道路运输企业和城市客运企业安全生产重大事故隐患判定标准(试行)》<br>4.【规范性文件】《国务院安全生产委员会关于印发〈安全生产治本攻坚三年行动方案(2024—2026)〉的通知》<br>健全完善生产经营单位重大事故隐患自查自改常态化机制,生产经营单位主要负责人要每季度带队对本单位重大事故隐患排除整治情况至少开展 1 次检查(高危行业领域每月至少 1 次),完善并落实生产经营单位全员安全生产岗位责任制 |

续上表

| 检 查 方 法 | 检 查 标 准 | 处罚依据及标准 | 检查记录 |
| --- | --- | --- | --- |
| | | | |

| 序号 | 检查事项 | 检查内容 | 检 查 依 据 |
| --- | --- | --- | --- |
| 10 | 隐患排查治理记录 | | 1.【法律】《中华人民共和国安全生产法》<br>第四十一条　……生产经营单位应当建立健全并落实生产安全事故隐患排查治理制度，采取技术、管理措施，及时发现并消除事故隐患。事故隐患排查治理情况应当如实记录，并通过职工大会或者职工代表大会、信息公示栏等方式向从业人员通报。其中，重大事故隐患排查治理情况应当及时向负有安全生产监督管理职责的部门和职工大会或者职工代表大会报告。<br>2.【规范性文件】《公路水路行业安全生产事故隐患治理暂行办法》<br>第十七条　生产经营单位应认真填写隐患排查记录，形成隐患排查工作台账，包括排查对象或范围、时间、人员、安全技术状况、处理意见等内容，经隐患排查直接责任人签字后妥善保存。<br>第十九条　生产经营单位应对排查出的隐患立即组织整改，隐患整改情况应当依法如实记录，并向从业人员通报。<br>第二十条　一般隐患整改完成后，应由生产经营单位组织验收，出具整改验收结论，并由验收主要负责人签字确认 |

续上表

| 检查方法 | 检查标准 | 处罚依据及标准 | 检查记录 |
|---|---|---|---|
| 通过资料审查的方式,检查企业是否如实记录隐患排查和治理情况。其中,隐患排查过程应形成隐患排查工作台账,包括排查对象或范围、时间、人员、安全技术状况、处理意见等内容,经隐患排查直接责任人签字后妥善保存。隐患治理记录应有验收记录,并经验收主要负责人签字确认 | 1. 企业建立隐患排查记录,并如实填写,内容包括排查对象或范围、时间、人员、安全技术状况、处理意见等内容,经隐患排查直接责任人签字。<br>2. 企业建立隐患治理记录,并按照整改期限组织验收,有验收记录,并经验收主要负责人签字确认 | 【法律】《中华人民共和国安全生产法》<br>第九十七条　生产经营单位有下列行为之一的,责令限期改正,处十万元以下的罚款;逾期未改正的,责令停产停业整顿,并处十万元以上二十万元以下的罚款,对其直接负责的主管人员和其他直接责任人员处二万元以上五万元以下的罚款:<br>(五)未将事故隐患排查治理情况如实记录或者未向从业人员通报的 | |

| 序号 | 检查事项 | 检查内容 | 检 查 依 据 |
| --- | --- | --- | --- |
| 11 | 隐患治理情况报备和报告 | | 1.【法律】《中华人民共和国安全生产法》<br>第四十一条 ……生产经营单位应当建立健全并落实生产安全事故隐患排查治理制度,采取技术、管理措施,及时发现并消除事故隐患。事故隐患排查治理情况应当如实记录,并通过职工大会或者职工代表大会、信息公示栏等方式向从业人员通报。其中,重大事故隐患排查治理情况应当及时向负有安全生产监督管理职责的部门和职工大会或者职工代表大会报告。<br>2.【规范性文件】《公路水路行业安全生产隐患治理暂行办法》<br>第三十五条 重大隐患报备信息应包括以下内容:<br>(一)隐患名称、类型类别、所属生产经营单位及所在行政区划、属地负有安全生产监督管理职责的管理部门;<br>(二)隐患现状描述及产生原因;<br>(三)可能导致发生的安全生产事故及后果;<br>(四)整改方案或已经采取的治理措施,治理效果和可能存在的遗留问题;<br>(五)隐患整改验收情况、责任人处理结果; |

续上表

| 检查方法 | 检查标准 | 处罚依据及标准 | 检查记录 |
| --- | --- | --- | --- |
| 1. 通过资料审查和系统核查等方式,检查企业是否及时将重大事故隐患排查治理情况向属地负有安全生产监督管理职责的管理部门和职工大会或者职工代表大会报告。<br>2. 通过资料审查和现场检查的方式,检查企业是否通过各种方式将隐患排查治理情况向从业人员通报 | 1. 企业按照重大隐患报备信息要求,及时向属地负有安全生产监督管理职责的管理部门和职工大会或者职工代表大会报告。<br>2. 企业通过职工大会或职工代表大会、信息公示栏等方式向从业人员通报隐患排查治理情况,有相关证明材料 | 【法律】《中华人民共和国安全生产法》<br>第九十七条　生产经营单位有下列行为之一的,责令限期改正,处十万元以下的罚款;逾期未改正的,责令停产停业整顿,并处十万元以上二十万元以下的罚款,对其直接负责的主管人员和其他直接责任人员处二万元以上五万元以下的罚款:<br>(五)未将事故隐患排查治理情况如实记录或者未向从业人员通报的。 | |

| 序号 | 检查事项 | 检查内容 | 检 查 依 据 |
|---|---|---|---|
| | | | （六）整改期间发生安全生产事故的，还应报送事故及处理结果等信息。<br>上述第（四）（五）（六）款信息在相关工作完成后报备 |

续上表

| 检查方法 | 检查标准 | 处罚依据及标准 | 检查记录 |
| --- | --- | --- | --- |
| | | 第一百零一条　生产经营单位有下列行为之一的,责令限期改正,处十万元以下的罚款;逾期未改正的,责令停产停业整顿,并处十万元以上二十万元以下的罚款,对其直接负责的主管人员和其他直接责任人员处二万元以上五万元以下的罚款;构成犯罪的,依照刑法有关规定追究刑事责任:<br>未建立事故隐患排查治理制度,或者重大事故隐患排查治理情况未按照规定报告的 | |

## 九、生产安全事故报告与处理检查事项

| 序号 | 检查事项 | 检查内容 | 检查依据 |
| --- | --- | --- | --- |
| 1 | 事故①报告 | 1. 及时、准确、完整地报告事故。<br>2. 出现新情况及时补报 | 1.【法律】《中华人民共和国安全生产法》<br>第八十条　生产经营单位发生生产安全事故后，事故现场有关人员应当立即报告本单位负责人。单位负责人接到事故报告后，应当迅速采取有效措施，组织抢救，防止事故扩大，减少人员伤亡和财产损失，并按照国家有关规定立即如实报告当地负有安全生产监督管理职责的部门，不得隐瞒不报、谎报或者迟报，不得故意破坏事故现场、毁灭有关证据。<br>2.【行政法规】《生产安全事故报告和调查处理条例》<br>第九条　事故发生后，事故现场有关人员应当立即向本单位负责人报告；单位负责人接到报告后，应当于 1 小时内向事故发生地县级以上人民政府安全生产监督管理部门和负有安全生产监督管理职责的有关部门报告。情况紧急时，事故现场有关人员可以直接向事故发生地县级以上人民政府安全生产监督管理部门和负有安全生产监督管理职责的有关部门报告。 |

① 生产安全事故是指在生产经营活动中发生的造成人身伤亡或者直接经济损失的行为。

| 检查方法 | 检查标准 | 处罚依据及标准 | 检查记录 |
| --- | --- | --- | --- |
| 1. 通过资料审查、跨部门信息共享等方式，检查企业是否按规定上报事故，是否存在未按规定报告事故，以及迟报、漏报等问题。<br>2. 通过资料审查和现场抽查的方式，检查企业是否规范记录事故情况，有相应事故报告、统计与处理台账，并按照要求及时向行业主管部门上报。 | 1. 企业据实报告本单位发生的生产安全事故，不存在未按规定报告事故，以及迟报、漏报等问题。<br>2. 企业建立事故事故报告、统计与处理台账。<br>3. 企业不存在谎报或者瞒报生产安全事故的情形，当出现新情况时及时补报 | 1.【法律】《中华人民共和国安全生产法》<br>第一百一十条　生产经营单位的主要负责人在本单位发生生产安全事故时，不立即组织抢救或者在事故调查处理期间擅离职守或者逃匿的，给予降级、撤职的处分，并由应急管理部门处上一年年收入百分之六十至百分之一百的罚款；对逃匿的处十五日以下拘留；构成犯罪的，依照刑法有关规定追究刑事责任。生产经营单位的主要负责人对生产安全事故隐瞒不报、谎报或者迟报的，依照前款规定处罚。 | |

| 序号 | 检查事项 | 检查内容 | 检 查 依 据 |
| --- | --- | --- | --- |
|  |  |  | 第十三条　事故报告后出现新情况的,应当及时补报。自事故发生之日起30日内,事故造成的伤亡人数发生变化的,应当及时补报。道路交通事故、火灾事故自发生之日起7日内,事故造成的伤亡人数发生变化的,应当及时补报。<br>3.【部门规章】《道路危险货物运输管理规定》<br>第四十七条　在危险货物运输过程中发生燃烧、爆炸、污染、中毒或者被盗、丢失、流散、泄漏等事故,驾驶人员、押运人员应当立即根据应急预案和《道路运输危险货物安全卡》的要求采取应急处置措施,并向事故发生地公安部门、交通运输主管部门和本运输企业或者单位报告。运输企业或者单位接到事故报告后,应当按照本单位危险货物应急预案组织救援,并向事故发生地应急管理部门和生态环境、卫生健康主管部门报告 |

续上表

| 检查方法 | 检查标准 | 处罚依据及标准 | 检查记录 |
| --- | --- | --- | --- |
| 3. 通过资料审查、跨部门信息共享等方式，检查企业事故补报（需要时）情况，检查是否存在事故发生之日起30日内，事故造成的伤亡人数存在变化的，以及道路交通事故、火灾事故自发生之日起7日内，事故造成的伤亡人数存在变化的，需要及时补报但不报、迟报等情形 | | 2.【行政法规】《生产安全事故报告和调查处理条例》<br>第三十五条　事故发生单位主要负责人有下列行为之一的，处上一年年收入40%至80%的罚款；属于国家工作人员的，并依法给予处分；构成犯罪的，依法追究刑事责任：<br>（二）迟报或者漏报事故的。<br>第三十六条　事故发生单位及其有关人员有下列行为之一的，对事故发生单位处100万元以上500万元以下的罚款；对主要负责人、直接负责的主管人员和其他直接责任人员处上一年年收入60%至100%的罚款；属于国家工作人员的，并依法给予处分；构成违反治安管理行为的， | |

| 序号 | 检查事项 | 检查内容 | 检 查 依 据 |
| --- | --- | --- | --- |
| | | | |

续上表

| 检查方法 | 检查标准 | 处罚依据及标准 | 检查记录 |
|---|---|---|---|
| | | 由公安机关依法给予治安管理处罚;构成犯罪的,依法追究刑事责任:<br>(一)谎报或者瞒报事故的;<br>(二)伪造或者故意破坏事故现场的;<br>(三)转移、隐匿资金、财产,或者销毁有关证据、资料的;<br>(四)拒绝接受调查或者拒绝提供有关情况和资料的;<br>(五)在事故调查中作伪证或者指使他人作伪证的;<br>(六)事故发生后逃匿的 | |

| 序号 | 检查事项 | 检查内容 | 检查依据 |
|---|---|---|---|
| 2 | 事故调查与处理 | 1. 由企业自行调查的,组织调查并撰写调查报告情况。<br>2. 依法需要由主管部门组织调查的,配合调查工作情况 | 1.【法律】《中华人民共和国安全生产法》<br>第八十六条　事故调查处理应当按照科学严谨、依法依规、实事求是、注重实效的原则,及时、准确地查清事故原因,查明事故性质和责任,总结事故教训,提出整改措施,并对事故责任者提出处理建议。事故调查报告应当依法及时向社会公布。<br>事故调查和处理的具体办法由国务院制定。事故发生单位应当及时全面落实整改措施,负有安全生产监督管理职责的部门应当加强监督检查。<br>负责事故调查处理的国务院有关部门和地方人民政府应当在批复事故调查报告后一年内,组织有关部门对事故整改和防范措施落实情况进行评估,并及时向社会公开评估结果;对不履行职责导致事故整改和防范措施没有落实的有关单位和人员,应当按照有关规定追究责任。<br>2.【行政法规】《生产安全事故报告和调查处理条例》<br>第十九条　特别重大事故由国务院或者国务院授权有关部门组织事故调查组进行调查 |

续上表

| 检查方法 | 检查标准 | 处罚依据及标准 | 检查记录 |
| --- | --- | --- | --- |
| 1. 通过资料审查、跨部门信息共享和现场核查等方式,查看企业是否按照要求组织事故调查,并撰写事故调查报告。<br>2. 通过资料审查和现场核查的方式,检查企业事故报告、统计与处理台账,核查企业是否按规定对相关人员进行处理,对从业人员开展警示教育。<br>3. 通过资料审查的方式,检查企业是否制定事故防范和落实整改措施。<br>4. 通过现场核查、座谈询问等方式,检查从业人员是否掌握事故教训及防范和整改措施 | 1. 企业按照要求进行事故调查或者配合事故调查组进行调查。<br>2. 企业自行调查的事故按照要求撰写事故调查报告,并归档保存。<br>3. 对事故相关人员进行处理,并对事故相关人员进行培训教育,对从业人员开展警示教育,有相关台账或记录。<br>4. 企业根据事故情况制定防范措施,并落实整改措施 | | |

| 序号 | 检查事项 | 检查内容 | 检 查 依 据 |
| --- | --- | --- | --- |
| | | | 重大事故、较大事故、一般事故分别由事故发生地省级人民政府、设区的市级人民政府、县级人民政府负责调查。省级人民政府、设区的市级人民政府、县级人民政府可以直接组织事故调查组进行调查,也可以授权或者委托有关部门组织事故调查组进行调查。<br>未造成人员伤亡的一般事故,县级人民政府也可以委托事故发生单位组织事故调查组进行调查。<br>第三十条　事故调查报告应当包括下列内容:<br>(一)事故发生单位概况;<br>(二)事故发生经过和事故救援情况;<br>(三)事故造成的人员伤亡和直接经济损失;<br>(四)事故发生的原因和事故性质;<br>(五)事故责任的认定以及对事故责任者的处理建议;<br>(六)事故防范和整改措施。<br>事故调查报告应当附具有关证据材料。事故调查组成员应当在事故调查报告上签名。<br>第三十三条　事故发生单位应当认真吸取事故教训,落实防范和整改措施,防止事故再次发生 |

续上表

| 检 查 方 法 | 检 查 标 准 | 处罚依据及标准 | 检查记录 |
| --- | --- | --- | --- |
| | | | |

## 十、主要路检路查事项

| 类　　型 | 检 查 事 项 | 对 应 序 号 |
|---|---|---|
| 企业资质及基础管理检查事项 | 资质条件 | 1.1 |
| | 从业人员从业资格 | 1.7 |
| 车辆、设施、设备检查事项 | 车辆证件及有效性 | 4.1 |
| | 罐式车辆罐体的适装介质列表范围或者移动式压力容器使用登记证上限定的介质承运危险货物的 | 4.1、4.16 |
| | 车辆年审 | 4.4 |
| | 车辆检测与技术等级评定 | 4.5 |
| | 车辆维护 | 4.6 |
| | 车辆改装 | 4.9 |
| | 电子运单和安全卡 | 4.11 |
| | 承运人责任险 | 4.12 |
| | 应急处理器材和安全防护设备 | 4.14 |

续上表

| 类　　型 | 检 查 事 项 | 对 应 序 号 |
| --- | --- | --- |
| 车辆、设施、设备检查事项 | 罐式车辆罐体、可移动罐柜、罐式集装箱检验和有效期 | 4.15、4.16 |
| | 罐式车辆罐体、可移动罐柜、罐箱的关闭装置 | 《危险货物道路运输安全管理办法》<br>第六十一条　交通运输主管部门对危险货物道路运输车辆驾驶人具有下列情形之一的，应当责令改正，处1000元以上3000元以下的罚款：<br>（二）违反本办法第四十七条，罐式车辆罐体、可移动罐柜、罐箱的关闭装置在运输过程中未处于关闭状态的 |
| 动态监控管理检查事项 | 使用卫星定位装置不能保持在线车辆运营的 | 6.8 |
| | 关闭、破坏直接关系生产安全的监控、报警等设备、设施的 | 6.9 |
| | 伪造、篡改、删除车辆动态监控数据 | 6.10 |

# 附录　道路运输安全生产行政检查工作汇总表(式样)

<table>
<tr><td>被检查单位</td><td colspan="2"></td></tr>
<tr><td>检查方式</td><td colspan="2"></td></tr>
<tr><td>具体检查情况(可以附相关影像、图片、文件等材料)</td><td colspan="2">(可以加附页)</td></tr>
<tr><td colspan="3">检查意见:<br>(可以加附页)</td></tr>
<tr><td colspan="2">检查人员(签名):________</td><td>被检查单位(盖章):________<br>被检查单位负责人(签名):________</td></tr>
<tr><td colspan="3">检查日期:________年________月________日</td></tr>
</table>

注:本表一式3份,监管部门存留2份,被检查单位存留1份。